길
진리
생명

은혜의 여정으로서의 제자도

데이비드 에이 뷰직

저작권 © 2021
The Foundry Publishing

한국 나사렛 출판사 발행 및 배포

978-1-56344-931-4

영문 제목 "길 진리 생명"으로 출판됨
데이비드 뷰직 지음
파운드리출판사에 의해 출판됨
이 판은 파운드리출판사와의 협의를 거쳐 출판함
판권소유

Originally published in English under the title
Way, Truth, Life
David Busic
Copyright © 2021
Published by Beacon Hill Press of Kansas City
A division of The Foundry Publishing
Kansas City, Missouri 64109 USA

This edition published by arrangement
with The Foundry Publishing.
All rights reserved.

표지 디자인: 메트 존슨 (Matt Johnson)
내지 디자인: 샤론 페이지 (Sharon Page)
번역: 김은엽 (John Eun-Yup Kim)

이 출판물의 어떠한 부분도 출판사의 사전 서면 허가없이 복제하거나, 정보검색 시스템에 저장하거나 또는 어떠한 형식이나 수단으로 전송될 수 없다. (예 : 스캔, 복사 및 녹음). 인쇄된 논평을 위한 간략한 인용은 예외로 한다.

모든 성경구절 인용은 따로 적시하지 않는 한 한글개역개정판을 사용함.

이 책에 나오는 인터넷 주소는 출판 당시 정확했으나 모든 언어로 이용할 수는 없을 수도 있다. 이러한 인터넷 링크는 자료로서 제공된다. 출판사는 이를 인증하거나 내용 또는 영속성을 보증하지 않는다.

DIGITAL PRINTING

헌정

나에게 제자도는 은혜로 가득찬 여행임과
그리스도를 닮음이 우리의 숙명임을 가르쳐 주신
아버지 로버트 이 부직(ROBERT E. BUSIC)을 추모하며

여호와여 주의 도를 내게 가르치소서
내가 주의 진리에 행하오리니 일심으로
주의 이름을 경외하게 하소서
(시편 86:11)

목차

감사의 글	5
들어가는 말	7
1. 놀라운 은혜	17
길	
2. 찾으시는 은혜	31
진리	
3. 구원하시는 은혜	47
생명	
4. 성결케하시는 은혜	69
5. 지속케하시는 은혜	99
6. 충분한 은혜	133
후기: 예수 그리스도는 주님이시다	150

감사의 글

　감사의 글의 대상은 무언가를 가능하게 한 사람들에서부터 갚을 수 없는 감사의 빚을 진 사람에 이르기까지 다양할 수 있습니다. 여기에 그 분들을 언급하고자 합니다.

　제가 나사렛성결교회의 국제총회감독으로 선출되었을 때, 국제총회감독회의 동료들이 제 삶에 영향을 미칠 것이라는 것을 알고 있었지만 그 영향력의 정도는 헤아릴 수 없었습니다. 수많은 회의 시간에 대부분 의견 차이가 있긴 하였지만, 희생이 요구도 더라도 교회의 최선을 위해 충성을 다하고 기도하는 마음으로 행하는 그들의 헌신과 또한 그들 인격의 힘과 마음의 정결함에 대한 저의 절대적인 신뢰는 튼함이 없습니다. 필리마오 참보(Filimao Chambo), 구스타보 크록커(Gustavo Crocker), 유지니오 듀아르테(Eugenio Duarte), 데이비드 그레이브스(David Graves), 제리 포터(Jerry Porter), 칼라 선버그(Carla Sunberg) 및 워릭(J. K. Warrick)에게 감사드립니다. 여러분은 개교회가 "열방에 그리스도를 닮은 제자를 만드는" 사명을 완수하는 일을 돕기 위해 쓴 이 책에 지대한 영향을 주었습니다.

　은혜의 여정으로서의 성결적 제자도를 강조하되 이해하기 쉬운 책을 저술해 줄 것을 요청한 나사렛성결교회의 세계제자사역 디렉터인 스캇 레이니(Scott Rainey)에게 감사드립니다. 파운드리출판사(The Foundry Publishing)의 편집장긴 보니 페리(Bonnie Perry)에게 감사합니다. 좋은 신학을 쓰고 우리 다음 세대에 전달하는 것이 그녀의 최상의 삶을 투자할 만큼 중요한 과제라는 확고한 믿음을 가진 것에 감사드립니다. 내용의 명확성을 위해 항상 "이렇게 표현하면 어떨까요?"라는 질문을 하며 편집해 준 오드라 스피베느(Audra Spiven)에게 감사드립니다. 마지막으로, 성결은 그리스도 안에서 하나님이 우리를 위해 행하신 일일 뿐만 아니라, 우리가 우리 자신에 대한 권리를 포기하고 예수님을 주님으로 삼을 때, 그리스도 안에서 하나님이 우리 안에서 그리고 우리를 통해 끊임없이 행하시는 일이라고 가르쳐 준, 참석자가 그리 많지는 않았지만 지나칠 정도로 사랑이 많았던, 제 젊은 시절 다녔던 나사렛교회에 감사드립니다.

저자의 노트

이전에 쓴 글에서도 나타났듯이, 나의 저작 스타일은 독자들이 제자도 및 은혜의 여정에 대한 이해의 폭을 넓히기 위해 방대한 양의 각주를 참조하도록 권장합니다. 풍부한 주석은 다른 사람들의 생각을 빌린 부채의식과 아울러 본문의 분량에 부담이 되기에 담을 수 없는 추가적인 통찰력을 제공하려는 저의 열망을 반영합니다. 좀 더 쉽게 찾을 수 있도록 새로운 장이 시작될 때마다 해당 저자나 제목이 이전에 나온 적이 있더라도 각각 인용자료의 전체 정보를 제공하였습니다.

들어가는 말

"나를 따르라." 예수님은 우리를 하나의 여정으로 초대합니다. 사랑하는 한 친구와 모험을 떠나자는 단순한 초대입니다. 그리스도인의 삶은 올바른 믿음 이상의 것입니다. 지적 동의 이상의 것입니다. 이것은 예수님과 함께 하는 초대된 여행입니다.

예수님과 함께 하는 여행의 또 다른 동의어는 제자도(discipleship)입니다. 제자도는 예수님과 함께 여행하면서 그분의 길을 따르는 것입니다. 길에는 많은 곡선과, 회전 및 예기치 않은 굴곡이 있습니다. 때로는 길이 쉽게 느껴지기도 하고, 때로는 힘든 경사로인 것처럼 느껴집니다. 그러나 제자도의 최종 목표(헬라어로는 '텔로스')는 항상 동일합니다. 즉, 그리스도를 닮는 것입니다.

그것이 불가능해 보입니까? 그렇다면 여러분은 그 여정을 실제로 시작하기에 아주 좋은 지점에 있는 것입니다. 사실, 매우 중요한 한가지 확신이 없다면 불가능할 것입니다. 즉, 우리는 예수님과 함께 여행을 완성해 간다는 확신입니다. 그것이 바로 이 여행이 은혜의 여정인 이유입니다.

예수님께서 "내가 곧 길이요 진리요 생명이니"(요 14:6)라고 말씀하셨을 때, 우리가 하나님과 맺는 순차적이고 지적인 등식 또는 업무적인 동의 이상에 대해 말씀하고 있었습니다. 그는 제자도에 나타날 관계적 방법에 대해 설명하고 있었습니다. 실제로 길, 진리, 생명은 철학적 추상이나 삶의 원리가 아닙니다. 길, 진리, 생명은 한 인격체입니다.

예수님께서는 여행의 올바른 텔로스(목표)를 가리키고 계셨습니다. 즉,

하나님이 의도하신 실제 생활과 우리가 목표에 도달하는 수단은 자신 안에서 그리고 자신을 통해 성취되는 길과 진리입니다. 은혜의 여정은 그 핵심과 관련을 맺게 하는 것입니다.

제임스 스미스(James K. A. Smith)는 제자도를 "흑암의 나라에서 하나님께서 사랑하는 아들의 나라(골 1:13)에 이르는 일종의 이민"이라고 묘사합니다. 이것은 한 나라에서 다른 나라로 이동하는 여행을 말합니다. 국적과 애국의 대상을 바꾸는 것인데, 이것은 길이신 예수 그리스도 안에 있는 하나님의 은혜를 떠나서는 불가능한 일입니다. 스미스는 계속해서 말합니다. "그리스도 안에서 우리에게 하늘나라 여권이 주어졌다. 또한 그의 몸 안에서 우리는 하늘나라의 '현지인'처럼 사는 법을 배운다. 새로운 나라로의 이민은 단순히 다른 공간으로 이주하는 문제가 아니다. 우리는 새로운 삶의 방식에 적응하고, 새로운 언어를 배우고, 새로운 관습을 습득하고, 대립적 관계에 있는 통치권 하에서 가졌던 관습을 잊어야 한다." 나는 예수님께서 "내가 너희를 위하여 처소를 예비할 것"(요 14장)이라고 하셨을 때, 그 약속에는 우리의 여행을 끝마쳤을 때의 숙박을 포함하여 모든 여정의 각 지점에서 그 분이 개인적으로 각종 예약들을 해놓았다는 보증이 포함되어 있다고 믿습니다. 예수님은 우리가 그 분의 새로운 나라 국민이 될 수 있게 해 주는 하늘나라의 여권입니다. 무엇보다도 그는 집으로 가는 모든 길에서 우리와 동행할 것을 약속합니다. 예수님은 우리의 여정에서 길이 될 것입니다. 이것이 은혜의 여정에 있어서의 희망입니다.

내가 곧 길이요 진리요 생명이니

예수님께서 "내가 곧 길이요 진리요 생명이니"라고 말씀하셨을 때, 단지 벽에 써 붙여 놓을 추상적인 삶의 원리로서 제안하신 것이 아닙니다. 오히려 불확실성으로 인해 무서워하고 있는 제자들이 제기한 질문에 대한 대답이었습니다. 이것은 성경학자들이 "고별담화" 혹은 "다락방 강화"(요한복음 14장부터 17장)라고 부르는 내용 중 일부에 포함됩니다. 요한이 쓴 이 네 장은 다른 세 개의 복음서 중 어느 것보다 더 예수님이 그의 고난과 죽음 직전의 시간에 제자들에게 무엇을 생각하고 가르치고 있는지에 대해 잘 알려 줍니다. 그러므로 이 부분은 예수 그리스도의 마지막 뜻과 약속을 잘 표현하고 있다고 볼 수 있을 것입니다.[1]

기억하십시오. 제자들은 매우 안 좋은 소식을 들은 후 임대한 다락방에 모여 있습니다. 좁은 방에 사람들이 꽉 차 있었습니다. 예수님께서는 열두 제자의 발을 씻김으로써 모든 사람들의 마음을 불편하게 하셨습니다. 그리고 나서 그들 중 하나가 곧 그를 배신할 것이라고 말했습니다(13:21). 설상가상으로, 몇 년 동안 여러 장소를 함께 여행했던 예수님께서 곧 제자들을 떠날 것이고 따라 올 수 없다고 말씀하셨습니다(13:33).

이것은 모두에게 매우 당황스럽고 걱정되는 일입니다. 예수님께서도 자신이 한 말들의 무게가 제자들에게 전달되는 것을 느낄 수 있었습니다. 그래서 "너희는 마음에 근심하지 말라"(14:1)라고 말씀하신 것입니다. "근심"으로 번역된 단어는 폭풍이 일던 갈릴리호수의 상태를 설명할 때 사용되었던 단어와 동일합니다. 바람이 불 때 물이 출렁이며 파도가 거세집니다. 제자들의 마음이 그런 상태라는 것입니다. 그들의 뱃 속이 매스꺼워집니다. 그들의 머리가 소용돌이 치듯 빙빙 돌고 있습니다. 그들의 감정은 과부하 상태가 되었습니다. 예수님께서는 그들의 격렬해진 마음을 위로하려고 다음과 같이 말씀하십니다. "너희는 마음에 근심하지 말라. 하나님을 믿으니 또 나를 믿으라. 내 아버지 집에 거할 곳이 많도다. 그렇지 않으면 너희에게 일렀으리라. 내가 너희를 위하여 거처를 예비하러 가노니 가서 너희를 위하여 거처를 예비하면 내가 다시 와서 너희를 내게로 영접하여 나 있는 곳에 너희도 있게 하리라. 내가 어디로 가는지 그 길을 너희가 아느니라"(요 14:1-3).

그러자 도마가 말합니다. 사람들은 그를 의심많은 도마라고 불렀지만 도마는 다른 사람들이 원했던 질문을 할 용기가 있었기 때문에 저는 도마가

---

1. 프레데릭 데일 브루너(Frederick Dale Bruner)는 요한복음 14~16장을 예수의 제자도 설교라고 말하며, 17장은 폐회기도 역할을 하며 그 모든 것은 "예수님의 선교사명적 교회를 위한 축약된 조직신학"으로 받아들였다. 브루너(Bruner), 요한복음 주석(The Gospel of John: A Commentary)(Grand Rapids: Eerdmans, 2012), 78

그 자리에 있었던 것이 다행스러웠습니다. 그는 강의 중간에 교수의 말을 끊고 "죄송합니다. 어리석은 질문일 지 모르겠지만, 지금 교수님이 무슨 말씀을 하고 있는지 전혀 모르겠습니다"라고 말하는 학생과 같았습니다. 실제로 이것은 어리석은 질문이 아닙니다. 도마가 모든 사람들이 마음에 품고 있는 분명한 문제를 파악하고 던진 질문입니다. "주여, 주께서 어디로 가시는지 우리가 알지 못하거늘 그 길을 어찌 알겠사옵나이까?"(14:5)

인생이 그렇습니다. 안 그런가요? 우리가 선택의 기로에 서서 어떤 길로 방향을 잡아야 할 지 몰라 방황할 때가 있습니다. 때때로 우리가 어디로 가고 있는지 알고 있다고 생각하지만 길을 완전히 잃어버린 것을 인정해야만 할 때가 있습니다. 너무 많은 교차로와 회전로, 많은 옵션과 막 다른 골목이 있는 것 같습니다. 인생 퍼즐의 복잡한 길에서 무엇보다 필요한 것은 지도입니다. 그러나 그 지도를 찾지 못한 많은 사람들은 무작정 서 있는 것보다는 어디론가 가는 것이 더 낫다고 결정하고, 방향을 잡고 어려움이 가장 적을 것 같은 길을 선택하고 그 길로 향합니다.

감사하게도 예수님께서는 도마의 질문(또한 우리의 질문)에 대답하셨습니다. "내가 곧 길이요 진리요 생명이니 나로 말미암지 않고는 아버지께로 올 자가 없느니라"(14:6). 예수님께서 강조하는 것이 "길"이라는 것이 흥미롭습니다. "길"은 순서상 첫 번째로 나오는 단어입니다. 물론 "진리"와 "생명"이 중요하지 않다는 것은 아닙니다. 진리와 생명은 예수님이 어떻게, 그리고 왜 길이 되는지 설명한다는 것을 의미합니다.[2]

그는 진리, 즉 하나님의 계시이기 때문에 길입니다. 모든 사람에게 가능한 하나님의 생명이 그 안에, 그리고 그에게만 있기 때문에 그 분은 길이십니다. 그는 하나님과 함께 하는 생명으로의 입구인 동시에 생명의 화신입니다.

---

2. 많은 사람들이 레이몬드 브라운(Raymond Brown)을 당시대의 저명한 요한신학 학자라고 생각한다. 그는 "길은 [예수님의 말씀의] 주요한 전제이고 진리와 생명은 그 길에 대한 설명일 뿐"이라고 믿는다. 브라운(Brown), 요한에 의한 복음 12-21, 앵커 성경주석 (The Gospel According to John XII-XXI, The Anchor Bible Commentary)(New York: Doubleday, 1970), 621. 이것이 맞다면, 진리와 생명은 길에 대한 설명이다. 다르게 말하면, 예수는 진리와 생명이기 때문에 길이시다. 예수께서 개인적으로 세 가지를 모두 구현하셨다.

요한복음이 전하는 좋은 소식의 핵심은 성육신된 말씀이자 독생자이신 예수님 안에서 전에는 전혀 불가능했던 방식으로 하나님을 보고 알 수 있다는 것입니다. 그는 하나님의 공인된 자기 계시입니다.[3] 다시 말해, 예수님은 단지 여러 가지 길 중 하나의 길이 아니라 오직 한 길입니다. 왜냐하면 그 분은 우리가 아버지라고 알고 있는, 보이지 않는 하나님의 예외적인, 눈에 보이는 현현이기 때문입니다(1:14, 18; 6:46; 8:19; 12:45).[4]

"나로 말미암지 않고는 아버지께로 올 자가 없느니라"(14:6). 우리 중 많은 사람들이 도마의 질문에 공감합니다. "그 길을 어찌 알겠사옵나이까?"(14:5) 왜냐하면 모든 사람들은 분명히 표현하든 그렇지 않든 간에 영적인 질문에 대한 답을 찾고 있기 때문입니다. 오늘날 우리 사회는 지난 수년 동안보다 영적으로 더 개방되어 있습니다. 문제는 사람들에게 많은 다른 영성의 길들이 열려 있다는 것입니다.

현대 서구 세계관은 모두를 아우르는 소비자 심리에서 비롯되었습니다. 그것은 다원주의를 수용하는 최근의 정치적 관심사와 관련이 있습니다. 이로 인해 많은 사람들이 개인적인 필요만 충족된다면, 그리고 그들 자신에게 진실로 정직하기만 하다면, 하나의 영적 경로가 다른 영적 경로와 별다르지 않고 정당하다고 여기게 만듭니다. 따라서 불교, 힌두교, 이슬람교, 사이언톨로지교, 유대고, 기독교 또는 기타 종교를 선택하든, 자신이 선택한 것에 성실하고 만족하는 한, 모든 길이 같은 하나님에게로 인도되기 때문에 (세계관이 말하듯) 그 대안은 다른 것만큼이나 좋다고 여깁니다.

그러한 견해에 대한 많은 문제 중 하나는 이러한 다른 신념들이 종종 서로 모순되고 상호 바타적인 주장을 한다는 것입니다. 다른 다양한 종교 체계의 관점에서 볼 때, 기독교는 예수가 하나님께 향하는 유일한 길이라고

---

3. 브루너(Bruner), 요한복음(The Gospel of John), 811. 브루너는 "아버지 하나님에 대한 예수의 계시는 우리에서 아버지도 [예수와 같이] 매우 좋은 아버지가 되실 것이고, 되셨고, 되고 계시다라는 큰 희망을 준다"고 우리를 상기시킨다.

4. 이 문장에 대한 영감은 웨슬리 스터디 바이블:새개정 표준판(The Wesley Study Bible : New Revised Standard Version), 조엘 B. 그린과 윌리엄 H. 윌리몬 편(Joel B. Green and William H. Willlimon, eds.)(Nashville: Abingdon Press, 2009)의 시적인 각주에서 얻었다.

확고하게 주장을 하는 유일한 신앙입니다. 사람들은 "나로 말미암지 않고는 아버지께로 올 자가 없느니라"고 한 예수 그리스도의 독점적이고 배타적인 주장을 믿을 수 없으며, 여전히 아버지께 접근할 수 있는 다른 방법이 있다고 주장합니다. 그렇게 주장한다면 그러한 말을 한 그리스도를 부정하게 되는 것입니다. 예수님께서는 "나는 아버지께 향하는 여러 가지 길들 중 하나"라고 말씀하지 않으셨습니다. "원하는 경우 나를 따르도록 선택할 수 있지만 가능한 다른 선택도 있다"라고 말씀하지도 않으셨습니다. 예수님께서는 "네가 선택한 영적 길을 네가 진심으로 걷는다면 그것도 괜찮다"라고 말씀하지 않으셨습니다. 예수님께서는 그런 비슷한 말씀을 하신 적도 없습니다. 그는 자신이 아버지께로 가는 유일한 길이라고 분명히 말씀했습니다.[5]

우리 가족이 새로운 도시로 이사한 지 얼마 되지 않아 아내와 나는 도시를 가로질러 가야 하는 한 장소에 누군가와 약속을 했습니다. 우리는 사정상 각자의 차량을 운전해야 했습니다. 내 아내는 미니밴을 운전했고, 그녀의 방향 감각이 나보다 낫기 때문에 그녀가 앞장을 섰습니다. 갑자기 교통 체증에 걸렸는데 뒤따르던 나는 그녀의 차량을 놓쳤습니다. 나는 아내의 미니밴이라고 생각한 차를 계속 따라 갔고 다른 차량을 따라 가고 있다는 사실을 깨달았을 때에는 이미 약속 장소와는 동떨어진 곳에 와 있어서 약속 시간을 지키기에는 너무 늦었다는 것을 알고, 차를 되돌려서 집으로 돌아왔습니다. 이 이야기의 교훈은 간단합니다. 즉, 당신은 당신이 선택한 길을 성실하게 갈 수 있고 동시에 성실하게 잘못될 수 있다는 것입니다. 사실, 올바른 길을 찾으려면 성실함 이상이 필요합니다.[6] 진실이 필요합니다! 목표로 하는 장소에 빨리 도착할 수 있겠지만, 잘못된 길이라면 얼마나 빨리

---

5. 이것은 예수님의 이름을 모르거나 듣지 못하고 죽을 수도 있는 다른 종교와 신앙 전통을 고수하는 사람들에게 하나님의 주권이 미치는 것을 제한하지 않는다. 하나님은 항상 주권적으로 선택하신 것을 자유롭게 행하실 수 있다. 나는 만물을 화목케 하신 하나님의 은혜를 보고 크게 놀라게 될 것을 기대한다.

6. 자살 폭탄 테러분자보다 진실에 대해 더 성실한 사람은 없다. 그러나 아무리 열정적으로 진실에 성실하더라도 궁극적인 현실에 근거하지 않으면 성실함이 충분하지 않다.

도착하는지는 전혀 중요하지 않습니다.

모든 사람이 그 길을 따르도록 초대되었기 때문에 예수님의 주장은 철저하게 포용적이지만, 진리를 찾는 사람이 따르는 길이 진실된 하나님께로 인도하는 그 한 길이 아니라면 모든 길은 막다른 골목으로 나아가게 되기에 철저하게 배타적입니다.

영적으로 말해서 우리 각자는 잘못된 길로 들어서기에 죄를 범합니다. 결과적으로 우리는 하나님으로부터 멀어집니다. 선지자 이사야는 다음과 같이 지적합니다. "우리는 다 양 같아서 그릇 행하여 각기 제 길로 갔거늘 여호와께서는 우리 모두의 죄악을 그에게 담당시키셨도다"(사 53:6). 사도 바울은 로마서에서 "모든 사람이 죄를 범하였으매 하나님의 영광에 이르지 못하더니"(3:23)라고 반복적으로 말합니다. 왜 그럴까요? 우리 모두 인생에서 잘못된 길을 택했기 때문입니다. 우리 모두는 우리의 삶에 있어서 하나님의 뜻과 길을 추구하는 대신 자신의 길을 따르기로 선택했던 것입니다.

복음(좋은 소식)은 예수님께서 우리같은 사람들을 위해 오셨다는 것입니다. 누가는 예수님께서 말씀하신 사명의 목적이 "잃어버린 자를 찾아 구원하려 함"(19:10)이라고 말합니다. 예수님께서는 우리가 갈림길에서 모호하게 서 있거나, 완전하게 잘못된 길을 따라가도록 내버려 두시는 대신에, 하나님과 새 나라와 영생에 이르는 유일한 길을 우리에게 분명히 보여 주셨습니다.

어느 주석가는 예수님의 말씀을 이렇게 해석합니다:

"나, 나는 그곳의 길이다. 나, 나는 그곳의 길로 인도해 줄 진리이다. 나, 나는 그곳의 길을 따라 진리를 따를 힘을 주는 생명이다."[7]

"나는 길이요"는 일련의 방향이거나 지침이 아니며, 몇몇 단서도 아닙니다. - 나는 길입니다.

"나는 진리요"는 원칙이나 철학적 전제를 구성하는 일련의 삶이 아닙니다. - 나는 진리입니다.

"나는 생명이니"는 더 낙관적인 관점으로 살 수 있는 대안이 아닙니다. -

---

7. 브루너(Bruner), 요한복음(The Gospel of John), 823.

나는 진정한 인간이 되는 단 하나의 수단인 유일한 생명입니다.

단지 길, 진리, 생명이 아니라 참되고 독창적인 하나님의 아들이라는 예수 그리스도의 주장은 기독교의 근간입니다. 그것은 다른 믿음의 체계를 악의적으로 다루는 것이 아닙니다. 단, 아버지께 가는 오직 한 가지 길만이 있다는 것이고 예수 그리스도를 통한다는 것입니다. 그분은 우리가 구원받을 수 있는 유일한 수단입니다. 프레드릭 브루너(Frederick Bruner)가 지적한 것처럼, "동양은 지속적으로 '길'(도, Tao)을 추구했고, 서구는 '진실'(Veritas)을, 그리고 전 세계(동, 서, 남, 북)는, '(실제) 생명'을 추구했다. 예수는 그 자신이 그 셋 자체이다."

처음 간 도시에 있고 지금 찾기 어려운 곳으로 가는 길을 누군가에게 묻고 있다고 상상해보십시오. 도움을 요청받은 사람은 다음과 같이 말할 수 있을 겁니다. "다음 큰 교차로에서 좌회전하세요. 그리고 다음 두 블록을 더 가서 큰 교회를 지나 우회전하세요. 일방 통행로가 보일 때까지 그 길로 쭉 가는데 주유소를 지나치지는 마세요." 명확한 지침이 있더라도 길이 복잡할 때 잘못된 방향으로 가거나 길을 잃을 가능성이 높습니다.

대신에, 당신이 묻고 있는 사람이 "거기로 쉽게 갈 수 있는 방법은 없어요. 전에 가 본 적이 없다면 길이 참 복잡할 겁니다. 그냥 저를 따라오세요. 제가 그곳으로 함께 가겠습니다"라고 말한다면 그 사람은 당신의 가이드가 될 뿐만 아니라 본질적으로 길이 되며 그렇게 되면 당신이 가야 할 장소를 놓치지 않을 수 있습니다. 그것이 예수님께서 우리를 위해 하신 일입니다. 그는 단지 조언과 지시만 하지 않습니다. 그는 은혜의 여정을 우리와 함께 합니다. 실제로, 그는 우리에게 길에 대해 말하지 않습니다. 그는 길 자체가 되었습니다!

영국의 신학자이자 유명한 선교학자인 레슬리 뉴비긴(Lesslie Newbigin)은 이러한 관점을 효과적으로 설명했습니다. "그 [예수]가 길을 가르쳐 주거나 길을 안내하는 것은 아니다. 만일 그렇다면 그의 가르침에 감사하고 우리는 그의 가르침에 따라 우리 스스로 그 길을 가게 될 것이다. 그 자신이 그 길이다. … 이러한 길을 따르는 것은 사실 아버지께 가는 유일한

길이다."⁸

루이스 캐럴(Lewis Carrol)의 이상한 나라의 엘리스(Alice's Adventures in Wonderland)에서 엘리스는 교차로에 와서 체셔 캣에게 다음과 같이 질문합니다. "여기서 어디로 가야 하는지 말 좀 해줘."

"네가 가고 싶은 곳이 어디냐에 따라 달라지지"라고 그 고양이는 대답합니다.

엘리스는 "내가 가는 장소에 대해서는 별로 신경 쓰지 않아"라고 대답하자 고양이가 말합니다. "그럼 어느 쪽 길로 가는지는 크게 중요하지 않지."

토마스 아 켐피스(Thomas à Kempis)가 그의 고전, "그리스도를 본받아"에서 쓴 것보다 예수님의 독특한 주장을 더 설득력있게 요약한 사람은 아무도 없을 것입니다.

> 나를 따르라: 나는 길이요, 진리요 생명이니라. 그 길이 없으면 갈 수가 없다; 그 진리가 없으면 알 수가 없다; 그 생명이 없으면 살 수가 없다. 나는 네가 따라야 할 그 길이다; 네가 믿어야 할 그 진리이다; 네가 바라야 할 그 생명이다. 나는 침범할 수 없는 길이며, 넘어지지 않는 진리이며, 끝이 없는 생명이다. 나는 가장 곧은 길이며, 가장 높은 진리이며, 가장 참된 생명, 축복받은 생명, 창조되지 않은 생명이다. 만일 네가 내 길에 머무르면 너희는 진리를 알 것이요 진리가 너희를 자유케 하리라. 그리고 너는 영원한 생명을 얻을 것이다.⁹

예수님 안에서 우리는 아버지께 가는 길을 발견합니다. 그는 집으로 가는 길입니다.

예수님 안에서 우리는 진리를 발견합니다. 그는 아버지의 성품과 본성의 변함없고 확실하며 특정한 진리를 구현합니다.

---

8. 레슬리 뉴비긴(Lesslie Newbigin), 요한복음강해(The Light Has Come: An Exposition of the Fourth Gospel)(Grand Rapids: Eerdmans, 1987), 181.

9. 토마스 아 켐피스(Thomas à Kempis), 그리스도를 본받아(The Imitation of Christ), 3권, 56장 (c. 1418–1427).

예수 안에서, 우리는 지금, 그리고 장차 약속된 새로운 하나님의 창조 안에서 풍성한 생명을 발견합니다.

이것이 은혜의 여정입니다

1
놀라운 은혜

> 은혜는 어디에나 있다.
> ─조르주 베르나노스, 어느 시골 신부의 일기

"나 같은 죄인 살리신"으로 시작하는 찬양 "놀라운 은혜(Amazing Grace)"는 오늘날 전세계에서 가장 유명하고 사랑받는 노래 중 하나입니다. 만들어진 지 200년이 넘었지만 수백 개의 언어로 계속 불려지고 있습니다.[1] 인종과 신조, 지리적, 세대적 경계를 초월합니다. 꼭 그리스도인이 되어야만 그 단어를 알고 그 의미에 감동하는 것도 아닙니다.

존 뉴톤(John Newton)이라는 영국 목회자가 이 찬양을 지었습니다. 젊은 시절에는 노예선의 선장으로서 수백 명의 노예를 서아프리카에서 영국으로 데려 오는 일을 책임지고 담당했습니다. 그러나 바다에서 엄청난 폭풍이 닥쳐서 거의 죽을 뻔 했던 경험을 한 직후 그는 개종하여 급격한 삶의 변화를 경험하게 됩니다. 그는 더 이상 이전의 사람이 아니었습니다

그는 하나님과 은혜의 여정을 시작했을 뿐만 아니라 노예 무역에 참여했던 것을 깊이 후회하고 회개하게 되었습니다. 그는 선장 직을 버리고, 성공회 목사가 되었고, 나중에 대영 제국의 노예제 폐지 운동을 이끌었던

---

[1]. 남아프리카의 요하네스버그 공항 라운지에서 이 글을 쓰는 동안, 일하는 직원 중 한 명이 아프리카언어로 이 노래를 조용히 흥얼거리는 것을 들었다. 미국 언론인 빌 모이어(Bill Moyers)는 링컨센터(Lincoln Center)에서 열린 한 공연에 참석했다가 관중들이 다함께 "Amazing Grace"를 부르는 것을 보았는데, 거기서 그는 그리스도인들과 비기독교인들이 모두 함께 부르는 노래의 힘에 깊은 감명을 받았으며, 같은 이름으로 다큐멘터리를 제작하게 되었다.

윌리엄 윌버포스(William Wilberforce)의 멘토가 되었습니다. 82세의 나이로 죽기 직전 뉴턴은 "내 기억은 거의 사라졌다. 그러나 나는 두 가지를 기억한다: 나는 위대한 죄인이며 그리스도는 위대한 구주라는 것을..."이라고 썼습니다. 그가 이렇게 시적으로 쓸 수 있었던 것은 놀라운 일이 아닙니다. 그는 놀라운 은혜를 받았고, 경험했고, 그 은혜로 말미암아 변화되었기 때문입니다.

이 책은 은혜에 관한 책입니다. "길, 진리, 생명"이신 예수 그리스도의 형상으로 점점 더 많이 닮아가는 은혜의 여정에 관한 것입니다. 은혜는 성경 안에서, 그리고 우리의 삶 속에서 여러 형태로 나오지만 은혜의 본질은 동일합니다. 우리는 그것을 개인적으로 하나님으로부터 선물로 받고 우리 인간을 변화시키는 하나님과의 상호 관계 안에서 하나님과 협력하게 됩니다.

은혜란?

하나님의 은혜란 무엇입니까? 어떻게 우리의 삶 속에 들어오고, 우리에게 영향을 미치고, 변화시키고, 그리스도를 닮은 삶을 살도록 능력을 줍니까? 은혜에 대한 많은 정의가 있습니다.

- 분에 넘치는 하나님의 호의
- 받을 자격이 없는 하나님의 과분한 사랑.
- 적대적으로 대할 만한 사람에게 베푸는 호의.
- 주는 분의 너그러움과 자비심에서 유일하게 동기를 찾을 수 있는 하나님의 사랑의 절대적인 임의의 표현[2]
- 하나님의 조건없는 선하심

은혜에 대한 이 모든 정의는 받을 자격이 없는 인류를 향한, 설명할 수 없고도 놀라운 하나님의 사랑 가득한 반응을 묘사하려고 시도하고 있습니다. 이것이 우리가 "놀라운"이라는 단어를 사용하는 이유입니다. 관계와 거래에 관한 우리 인간의 생각 범주를 뛰어 넘고 있습니다.

---

2. 지금은 이미 고인이 된 신약학자, 언어학자, 선교지도자인 스피로스 조디에이츠 (Spiros Zodhiates)에 의한 은혜의 정의를 느슨하게 비유로 표현한 것이다.

재무 분야에서 일하는 사람들은 "유예 기간(grace period)"이 무엇인지 알 것입니다. 유예 기간은 위약금없이 납입이 연기되는 일정 기간입니다. 누군가가 자동차 구입 대금이나 학비 대출을 갚아야 할 때 연체료없이 상환이 연기되는 기간이 "유예 기간"입니다. 그러나 "유예 기간"에는 조건이 있습니다. 짧은 기간 동안만 가능합니다. 결국, 그 기간은 끝날 것이고, 그래도 빚진 것을 상환하지 않으면, 추가 위약금을 내야 될 것입니다. 무료이지만 무조건적이지는 않은 것입니다.

하나님의 은혜는 다릅니다. 하나님의 은혜는 무상으로 제공되며 ("무료"와 혼동하지 말아야 합니다. 이 장의 마지막 부분에서 이것에 대해 더 자세히 설명하겠습니다.) 우리가 어쨌든 감당할 수 없었기 때문에 무상제공은 좋은 일입니다. 우리는 하나님께 빚진 것을 지불하거나 상환할 수 없었습니다. 우리가 우리를 위해 결코 할 수 없는 일을 하나님께서 우리를 위해 해 주신 것은 그 분의 은혜입니다. 그렇기 때문에 은혜가 분에 넘치고 받을 자격이 없다고 말하는 이유입니다. 하나님은 우리가 마땅히 받을 만한 것 이상으로 우리를 대우하십니다. 적대적인 대접을 받아 마땅한 우리에게 주는 호의이며, 철저하게 헌신된 제자도 안에서 예수님을 따르도록 이끕니다.

은혜를 가장 간단히 정의하면 "선물"입니다. 사도 바울은 "선물" 또는 "호의"를 의미하는 헬라어 '카리스(charis)'라는 단어를 빌려서 하나님께서 예수 그리스도 안에서 우리에게 해 주신 모든 일의 광대한 의미를 설명함으로써 우리로 하여금 은혜의 의미를 다시 생각해 보도록 도와주었습니다(고후 8:3; 9:15; 갈 2:21; 엡 2:4~10).[3] 카리스의 어원은 char로서, "기쁨을 가져 오는 것"입니다.[4] 그러므로 주고받는 은혜의 행동에는 기쁨과 감사가 따릅니다. 그런 의미에서 은혜를 받는 사람들은 그 대가로 감사와 헌신적인 삶을 제공하는 것이 바람직합니다. 이것은 신성한 은혜가 관계적인 거래라는 것을 의미하지는 않습니다. 호의를 상환하려는

---

3. 헬라어 "카리스(char s)"는 라틴어로 gratia로 번역되며 여기서 "은혜(grace)"라는 단어가 파생되었다.
4. 토마스 랭포드(Thomas A. Langford), 은혜에 관한 숙고(Reflections on Grace), (Eugene, OR: Cascade Books, 2007

소망(또는 기대)은 선물의 힘을 무효화합니다.[5] 거래적 사고는 항상 선물의 의도를 훼손하고 평가 절하합니다.

친구에게 선물을 주면서 "너에 대한 사랑의 표시로 이 선물을 주고 싶어"라고 말했다면 친구의 정상적인 반응은 단순히 "고마워"라고 말하는 것입니다.

만일 친구가 "네가 선물을 주다니…참 멋있는데? 내가 얼마를 네게 빚지게 되는 거지?"라고 한다면 그들은 선물이 아닌 거래를 하고 있는 겁니다. '당신이 내게 좋은 일을 해줬으니 내가 당신에게 신세를 지고 있다' 라고 생각하는 것이죠.

상환할 수 있는 거래와 은혜의 선물을 동일시하면 또 다른 문제가 있습니다. 은혜라는 단어에는, 하나님이 지금보다 우리를 더 사랑하게 만들거나 혹은 덜 사랑하도록 만드는 일에 우리가 할 수 있는건 아무것도 없다는 의미가 내포되어있습니다.[6] 하나님의 사랑을 받을 합당함이나 하나님의 사랑을 얻을 수 있게 해주는 선함은 우리에게 없으며, 우리를 우리 주 그리스도 예수 안에 있는 하나님의 사랑에서 끊을 수 있게 만드는 악함도 우리에게 없습니다(롬 8:35~39). 하나님은 우리가 선하기 때문에 우리를 사랑하시는 것이 아니고, 우리가 악하기 때문에 우리를 미워하시는 것이 아닙니다. 하나님의 본질은 거룩한 사랑입니다. 즉, 하나님을 가장 온전히 특징짓는 행동은 자기를 내어주신, 쏟아 부어 주시는 은혜입니다.[7]

---

5. 바울과 은사(Paul and the Gift)(Grand Rapids : Eerdmans, 2015)라는 책에서 요한 M. 바클리(John M. G. Barkley)는 "무료로 대가없이" 무엇을 넘겨주는 것인 "선물" 이라는 개념은 현대의 서구 개념이라고 강력하게 주장한다. 고대에도, 심지어 오늘날에도 세계 여러 곳에서 선물은 대가를 기대하고 –물질이 아니더라도 사회적 연대를 강화할 수 있는 무언가를 얻기 위해 – 주는 것이다. 구원의 "선물"에 대한 신약 복음서의 이해는 은혜를 받을 자격이 없고 받을 수 없는 것이지만, 이 은혜는 의를, 의는 순종을 야기한다는 것이다.

6. 필립 얀시(Philip Yancey), 놀라운 하나님의 은혜: 은혜 없는 세상을 향한 사랑과 용서의 메시지(What's So Amazing about Grace?)(Grand Rapids: Zondervan, 1997), 70.

7. "하나님의 가장 중요한 특성은 사랑이다. '하나님은 사랑이라.' 요한은 간단하면서도 가장 심오하게 말했다. 우리는 하나님의 사랑을 '거룩'이라는 단어로 수정할 수 있다. 그러나 이것은 본질적으로 하나님의 사랑이 거룩하기 때문에 하나님을 이해하는 데 거의 도움이 되지 않는다. 그렇지만 '거룩'은 하나님이 우리와는 다른, 우리를 넘어선다는 점을 상기시켜 준다.

필립 얀시(Philip Yancey)는 이것을 알고 있었습니다. "은혜는 무한의 하나님께서 사랑하실 수 있는 만큼 이미 우리를 사랑하신다는 의미이다."[8] 처음에 우리의 선한 행동에 기초하여 우리를 사랑하지 않으셨다면 어떻게 더 나은 행동이 하나님으로 하여금 우리를 더 사랑하게 만들 수 있겠습니까? 마찬가지로, 어떻게 우리의 더 나쁜 행위가 하나님으로 하여금 우리를 덜 사랑하게 하실 수 있겠습니까? 더 기도하거나, 더 많이 헌금하거나, 더 많이 봉사하거나, 더 많이 희생하는 것이, 하나님으로 하여금 이렇게 말씀하도록 만들 수 없습니다. "네가 훨씬 더 잘하고 있구나. 네가 마침내 정신을 차렸구나. 나는 전보다 지금 너를 더 많이 사랑한다." 아닙니다. 당신은 당신 존재로서 사랑받고 있습니다. 하나님의 사랑에 관한 한, 당신이 하는 일이나 행위에 따르는 것이 아닙니다. 당신이 그것을 받을 자격이 있어서가 아니라 하나부터 열까지 이것이 한결같은 하나님의 마음의 성향이기 때문입니다.

정의, 자비, 은혜의 일반적인 비교를 해 보면 잘 알 수 있습니다. 정의는 받을 자격이 있는 당신이 받는 것입니다. 자비는 받을 자격이 있는 당신이 받지 않는 것입니다. 은혜는 받을 자격이 없는 당신이 받는 것입니다.

예수님께서는 우리가 하나님 나라의 관점에서 삶을 재해석하는 것을 돕기 위해 많은 비유를 사용하셨습니다. 이 비유는 우리로 하여금 더 나은 삶을 살게 하기 위한 도덕적인 이야기가 아닙니다. 그 비유들은 우리가 하나님의 본성과 마음을 더 잘 이해하고 오해를 수정하도록 도와줍니다. 잃어버린 양, 잃어버린 동전, 잃어버린 아들들(탕자)의 비유를 생각해보십시오(눅 15 장).[9] 예수님은 아흔 아홉마리의 양이 규칙을 따랐기 때문이 아니라 길을 잃은 한

하나님은 특성상 우리와는 항상 다르게 거룩하다." 다이앤 르클럭(Diane LeClerc), 기독교 성결의 발견: 웨슬리안-성결 신학의 핵심(Discovering Christian Holiness: The Heart of Wesleyan-Holiness Theology)(Kansas City, MO: Beacon Hill Press of Kansas City, 2010), 274..

8. 얀시(Yancey), 놀라운 하나님의 은혜: 은혜 없는 세상을 향한 사랑과 용서의 메시지 (What's So Amazing about Grace?), 70.

9. 여기서 "아들들"이라고 복수형을 사용한 것은 의도적이다. 예수께서 말씀하신 이 비유에서 각각의 이유로 두 아들은 모두 잃어버린 아들들이다. 그 중 한 명만 집을 나갔을 뿐이다.

마리의 양을 찾았기에 기뻐하신 목자로 하나님을 묘사합니다. 귀중한 동전을 찾기 위해 집을 완전히 뒤집어 놓은 여자로 하나님을 묘사합니다. 그 동전을 발견했을 때, 그녀는 너무 기쁜 나머지 친구들과 축하 파티를 열었습니다. 또한 예수님은 집을 떠난 아들의 흔적을 찾아 지평선을 바라보는 상사병을 앓는 아버지로 하나님을 묘사합니다. "아직도 거리가 먼 데"(눅 15:20) 그 방황하는 아들을 발견했을 때, 아버지는 그를 측은히 여겨 달려가서 그를 집으로 맞이합니다. 이 비유들은 모두 하나님의 본성과 마음에 대한 통찰력입니다. "찾게 되는 것"은 하나님의 마음을 기쁘게 합니다! 은혜는 방황과 잃어버림, 그리고 배신을 극복하고 이겨냅니다.

예수님께서는 포도원의 일꾼들에 대한 비유도 말씀하셨습니다. 어떤 사람은 다른 사람보다 훨씬 적은 시간을 일했지만 고용주는 모두에게 동일한 임금을 지불합니다(마 20:1~16). 이 이야기는 경제적으로 볼 때 말이 안됩니다. 현명하지 못한 사업적 판단인 것 같습니다. 고용주의 이러한 무모한 행동은 가장 열심히 일하는 직원에게는 무력감을, 동기 부여가 덜 된 직원들에게는 게으름을 유발할 위험이 있습니다. 그러나 이것은 최상의 사업적 행위에 관한 비유가 아닙니다. 하나님의 관대한 은혜에 대한 비유입니다. 은혜는 직원들의 업무 시간을 집계하거나 적절한 급여 원칙을 따르거나 가장 열심히 일한 직원에게 보상하는 수학적 방정식이 아닙니다. 은혜는 누가 지불받을 자격이 있는지에 관한 것이 아니라 자격이 없음에도 불구하고 선물을 받은 사람들에 관한 것입니다. 이것이 언어도단처럼 들리고 상식에 비추어 터무니없는 소리로 들리면, 당신은 이제 은혜의 초점을 파악하기 시작한 것입니다.

은혜는 인격적이며 개인적이다

은혜는 인격적이고 관계적이기 때문에 우리는 은혜의 경험에 대해 이야기할 수 있습니다. 은혜에는 두 가지 중요한 개념이 담겨 있습니다. 첫째, 은혜는 물체가 아닙니다. 상품이 아닙니다. 제자도의 "엔진"이 보다 효율적으로 돌아가도록 돕기 위한 "기독교 엔진 오일"과 같은 성스러운 물질도 아닙니다. 은혜는 "내가 곧 길이요 진리요 생명"이라고 말씀하신 예수 그리스도의 인격 간에서 우리에게 오기 때문에 인격적입니다.[10]

웨슬리주의 계통의 신학자인 토마스 랭포드(Thomas Langford)는 교회사 전체에 있어서 은혜에 대한 두 가지 이해 사이에 논쟁이 있었다고 주장합니다.

> 한편으로, 은혜는 어떤 것, 하나님이 소유하고 줄 수 있는 것, 그리고 아마도 사람들이 받아들이고 소유할 수 있는 것으로 생각되었다. 또는 더 큰 의미에서, 하나님의 행동을 나타내며 인간의 삶에 대한 주변 상황을 제공하는 어떤 분위기, 에너지 또는 힘으로 생각되었다. 다른 한편으로, 은혜는 "어떤 사람"으로 인식되었다. 은혜는 한 사람이고 은혜는 인간에게 나타나신 하나님이다. 은혜를 말하는 것은 하나님의 은재와 피조물을 돌보시는 하나님의 상호 작용을 말하는 것이다. 이러한 이해를 바탕으로 볼 때, 은혜에 대한 고려는 예수의 삶과 죽음과 부활에 대한 성찰에 근거한다. 예수 그리스도는 은혜이다. 그리고 은혜는 예수 그리스도이다.[11]

나는 디아메이드 맥클로흐(Diarmaid MacCulloch)가 그의 기념비적인 기독교 역사책에서 말한 중요한 진술에 놀라움을 금치 못합니다. "제도가 아닌, 한 사람이 다메섹으로 향하는 길에서 신비한 사건을 통해 [바울을] 사로잡았다."[12] 여러도로 볼 때, 다소의 사울(이후 사도 바울로 개명)은 이 놀라운 계시를 받을 준비가 되어 있지 않았습니다. 이전의 그는 종교, 정립된 제도, 전통, 율법에 대해 헌신하였습니다. 그는 이 모든 것들을 너무 잘 알고 있었고, 훈련을 받은 열정적인 유대교 옹호자였지만 그를 변화시킨 것은 한 사람이었습니다. 그 사람은 바울이 나중에 그리스도와 주님으로 인정한

---

10. 요한복음이 성령을 "또 다른" 보혜사로 말할 때, 그것은 진리의 영이 진리이신 예수의 사역을 계속할 것임을 의미한다.(14:6,16-17)
11. 랭포드(Langford), 은혜에 관한 숙고(Reflections on Grace), 18.
12. 디아메이드 맥클로흐(Diarmaid MacCulloch), 기독교: 3천년의 역사 (Christianity: The First Three Thousand Years)(New York: Penguin Books, 2009), 9.

나사렛 예수였습니다.

바울의 이전 신념 체계는 율법을 완전히 준수하는 것이었습니다. 다메섹 도상의 경험(행 9:1~22) 이후 그는 사물을 다르게 보았습니다. 여전히 율법은 훌륭하다고 믿었지만 불완전하다고 생각했습니다. 그가 그 사람을 만났을 때, 그는 좋은 것(유대교 전통)으로부터 그것과 비교할 수 없는 더 나은 사람, 예수 그리스도에게로 초점을 돌렸습니다. 그는 그리스도와의 친밀한 만남의 경험을 통해 그 자신의 것이 아닌 의를 발견했습니다.[13] 바울은 완전한 연합을 가리키는 의미로 "그리스도 안에서 하나"라고 말함으로써 믿는 자와 그리스도(그 사람)가 아주 친밀한 관계가 될 수 있음을 믿었습니다. 하나됨(Oneness)은 바울에게 있어서 추상적인, 그리스-로마적인, 플라톤적인 개념이 아닙니다. 바울에게 예수 그리스도는 최근의 역사적 사건의 시간과 공간에서 만난 진정한 인간이었습니다. 그분은 인간적인 면에서 우리와 같았을 뿐 아니라 바울이 다메섹 도상에서 만났던 그 사람처럼 삶과 죽음과 부활과 승천을 통해 우리의 죄와 타락의 재앙을 역전시킨, 살아나시고 초월하신 사람입니다(고전 15:22).

실제적인 의미에서, 사울에서 바울로 이름이 바뀐 것은 개종 그 이상이었습니다. 이것은 하나의 각성이었습니다. "즉시 사울의 눈에서 비늘 같은 것이 벗어져 다시 보게 된지라"(행 9:18). 이것은 중생이었습니다. 얻거나 받을 자격이 없었던 바울은 순결하고 순수한 선물을 받았습니다. 이제 그는 율법이 어디를 가리키는지 알 수 있었습니다. 바로 한 사람이었습니다. 이것이 바로 그가 후에 다음과 같이 쓴 이유입니다. "우리는 십자가에 못 박힌 그리스도를 전하니 유대인에게는 거리끼는 것이요 이방인에게는 미련한 것이로되 오직 부르심을 받은 자들에게는 유대인이나 헬라인이나 그리스도는 하나님의 능력이요 하나님의 지혜니라"(고전 1:23~24). 이것은 유대인의 율법과 전통에 묶인 사람들에게는 충격적인 일이었고 엘리트 헬라 문화와 서구의 철학적 세계관에 동화된 사람들에게는 어리석은 것이었습니다.

---

13. 디카이오운(dikaioun)은, "의롭게 만들어지다"(또는 16세기 종교 개혁에 의해 유명해진 구절, "의롭게 되다")로서 우리 외부에서 오는 은혜가 있음을 나타낸다.

그러나 예수님이 그리스도라는 것을 믿는 사람들에게 있어서는(헬라어로 그리스도-christos-는 "기름 부음받은 자"를 의미함) 하나님의 은혜로 예수님은 구원이 되었습니다.[14]

초대교회의 그리스도인들은 체계나 종교를 전파하지 않았습니다. 그들은 한 사람을 선포했습니다. 말씀은 이슬람교도들에게는 경전(코란-Qu'ran)이 되었지만 기독교인들에게 말씀은 육신이 되었습니다(요 1:14).[15] 인간이고, 영원한, 한 하나님은 한사람이 되었습니다(성육신). 초대교회의 그리스도인들은 이론, 원칙 또는 생명력을 위해 목숨을 내어 놓지 않았습니다. 그들은 한사람, 실제로 십자가에 못 박히고 장사된, 새로운 창조의 첫 열매로 죽은 자 가운데서 부활한, 실제로 하늘로 올라간, 그리고 실제로 다시 오실 한 사람을 위해서, 그리고 그 한 사람 때문에 목숨을 바쳤습니다. .

나는 디트리히 본회퍼(Dietrich Bonhoeffer)보다 더 명확하게 이것을 설명하는 사람을 보지 못했습니다. "추상적인 아이디어로 형식적 지식과 관련을 맺게 되고 그것에 대해 열중하고 심지어 그것을 실천하는 것도 가능하다. 그러나 그것은 결코 인격적인 순종으로 연결될 수 없다. 살아계신 그리스도 없는 기독교는 필연적으로 제자 없는 기독교이며, 제자 없는 기독교는 항상 그리스도 없는 기독교이다."[16]

그러므로 은혜의 여정은 체제, 책, 장정, 교단 또는 전통을 따르는 것이 아닙니다. 우리는 예수 그리스도를 따르고 예배하며 섬깁니다. 은혜는 이제 그리스도와 주님이 되신 인격적 예수님의 생애, 사역, 죽음, 부활 및 승천의 모든 혜택의 결과입니다.

그리스도 중심적인 은혜에 관한 설명은 보다 확실한 삼위 일체 은혜의 신학(창조주 아버지로서의 하나님; 신자의 삶에서의 성령의 능력)을

---

14. 스트롱(Strong)의 신약성경 색인서는 카리스(charis), "은혜"는 1세기 교회를 향해 쓰여진 바울의 편지에 최소한 88번 등장함을 보여준다.
15. 나는 이 중요한 구별을 알려준 나사렛교회 아프리카지구장인 대니얼 고미스(Daniel Gomis)에게 감사의 빚을 지고 있다.
16. 디트리히 본회퍼(Dietrich Bonhoeffer), 제자도의 대가(The Cost of Discipleship)(New York: Macmillan Company, 1949), 63-64.

등한시하지 않아야 합니다. 한 인격체로서의 은혜를 이해하는 것은 우리가 무엇이든 하나님에 대해 개인적으로 알게 된 것은 하나님이 자신을 알리기로 선택한 이상, 사람의 삶과 가르침과 경험에서 가장 분명하게 드러난다는 것을 기억하는 것입니다. 모든 기독교 제자도의 목표는 은혜를 받는 사람들을 예수 그리스도의 형상과 모양으로 만드는 것입니다. 은혜는 어떤 것이 아닙니다. 은혜는 어떤 사람입니다.

이것에 대한 긍정적 확인은 은혜가 개인적이라는 두 번째 이유로 우리를 이끕니다. 은혜는 모든 사람에게 특별한 필요나 받을 능력에 따라 옵니다. 각 사람은 독특한 형태로 은혜를 받고 은혜를 누립니다.

나는 많은 친구가 있지만, 각각의 친구는 독특하기 때문에 다른 방법으로 그들과 관계를 형성합니다. 나는 세 자녀가 있고, 그들을 모두 동등하게 사랑하지만, 같은 방식으로 대우 할 수는 없습니다. 그들은 모두 다르므로, 나는 각각의 자녀들에게 맞춰서 돌보아야 합니다. 이것이 그들의 친구로서, 부모로서 사랑하는 방법입니다.

마찬가지로, 은혜는 모든 사람이 독특하게 받고 누립니다. 왜냐하면 우리는 삼위일체 하나님과 개인적 관계에서 은혜를 경험하게 되는데, 아버지로부터 받았으며, 예수 그리스도를 통해 확대되고, 성령에 의해 능력을 얻었기 때문입니다. 은혜는 인격체로서 우리에게 오며, 우리의 필요에 따라 개별화되어 있기 때문에 개인적입니다. 하나님께서 우리에게 자기 자신을 더 많이 주실수록 더 많은 은혜가 주어집니다.

은혜는 값비싸다

디트리히 본회퍼(Dietrich Bonhoeffer)는 은혜는 공짜지만 대가없이 오지 않는다는 것을 상기시켜 줍니다. 본회퍼는 가장 잘 알려진 저서인 "제자도의 대가"에서 싸구려 은혜가 값비싼 은혜와 다른 점은 실제 제자도에 대한 요구가 없거나 그것을 기대하지 않는다는 점을 강조합니다. "싸구려 은혜는 제자도가 없고, 십자가도 없으며, 살아계시고 성육하신 예수 그리스도도 없는, 그런 은혜이다."[17]

더 나아가 본회퍼는 값싼 은혜가 "우리 교회의 치명적인 적", "제자도의 가장 쓰디 쓴 원수", "그 어떤 행위의 계명보다 더 많은 그리스도인들의 파멸의 원인이 되었다"고 직설적으로 말합니다.[18] 누군가는 하나님의 선물로서의 은혜에 의해 의로워졌다고 말할 수 있지만, 의로운 삶의 열매는 모든 것을 버리고 그리스도를 따른 그 사람입니다.[19] 그리고 본회퍼가 그렇게 올바르게 지적한 이유는 예수를 따르라는 부르심을 들었을 때 제자들의 반응은 교리적 신앙 고백이 있기 전에 먼저 순종하는 행동이 있었기 때문입니다(막 2:14).[20]

본회퍼는 어떻게 은혜가 값비싸며 왜 완전하게 내려놓은 제자도가 유일하고도 적절한 응답인지 계속해서 설명합니다.

> 은혜는 값비싸다. 왜냐하면 한 사람의 생명이 대가로 지불되었기 때문이다. 그리고 사람에게 유일하게 진정한 생명을 줄 수 있기 때문에 은혜다. 죄를 정죄하고 유죄판결을 내리기에 값비싼 것이지만 죄인을 의롭게 하기에 은혜다. 무엇보다, 은혜는 값비싸다. 왜냐하면 하나님께서 당신의 아들의 목숨을 대가로 지불하셨기 때문이다. '당신은 값을 치르고 사신 바 된 존재이다.' 하나님께서 큰 대가를 치르신 것이 우리에게 값싼 것이 될 수 없다. 무엇보다, 그것은 은혜다. 왜냐하면 하나님께서, 우리의 생명을 위한 값으로 지불하기 위해 내놓기에는, 당신의 아들이 너무나 소중하다고 여기시지 않고 그 아들 자체를 우리를 위해 내어 놓으셨다. 하나님의 성육신은 값비싼 은혜다.[21]

제자의 삶은 은혜의 여정입니다. 은혜로 시작하고 은혜로 힘을 얻으며 처음부터 끝까지 은혜가 스며듭니다. 우리가 예수님의 길을 따르고 순종하지 않는 한 진정한 제자는 아닙니다. 하나님의 은혜는 공짜 선물로 받을 수

---

17. 본회퍼(Bonhoeffer), 제자도의 대가(The Cost of Discipleship), 47-48.
18. 본회퍼(Bonhoeffer), 제자도의 대가(The Cost of Discipleship), 45, 55, 59.
19. 본회퍼(Bonhoeffer), 제자도의 대가(The Cost of Discipleship), 55.
20. 본회퍼(Bonhoeffer), 제자도의 대가(The Cost of Discipleship), 61.
21. 본회퍼(Bonhoeffer), 제자도의 대가(The Cost of Discipleship), 47-48.

있지만 제자도의 요구를 벗어나서는 남아 있을 수 없습니다.

은혜는 놀랍다

필립 얀시(Philip Yancey)는 중국의 마지막 황제로 등극한 어린 소년을 주제로 한 영화 '마지막 황제(The Last Emperor)'에서의 한 장면을 소개합니다. 그 소년 황제는 자신의 명령에 따르는 많은 시종들과 호화로운 생활을 합니다.

"형님이 잘못하면 어떻게 되나요?" 그의 동생이 묻습니다.

소년 황제가 대답했습니다. "내가 잘못하면 다른 사람이 처벌을 받지." 이것을 증명해 보이기 위해 소년 황제는 귀중한 도자기를 깨뜨렸고 시종 중 한 명이 황제의 그 행위로 말미암아 매를 맞게 됩니다.[22]

이것이 고대의 왕이나 황제의 관습이었습니다. 이것은 공의나 자비 모두 아닙니다. 그런데 누군가가 다른 세상으로부터 왔습니다. 그는 권위라는 개념에 새로운 의미를 부여한 왕(a King)이었습니다. 그는 옛 명령을 바꾸고 새로운 왕국을 세웠습니다. 그의 시종들이 잘못을 저질렀을 때, 이 왕은 그들이 마땅히 당해야 할 일을 대신 취합니다. 얀시(Yancey)는 "주는 사람이 비용을 부담했기 때문에 은혜는 무료"라고 했습니다.[23]

이것은 공의나 자비가 아닙니다. 은혜입니다. 값비싼 은혜입니다. 아마도 이것이 우리가 여전히 뉴턴(Newton)의 찬양을 즐겨 부르는 이유일 것입니다. 주 은혜는 놀랍습니다.

그렇다면 이러한 하나님의 엄청난 은혜는 우리의 일상 생활 속에서 어떻게 펼쳐집니까? 이것은 은혜가 의미하는 것이 무엇인지 알 수 있는 일입니다. 하나님이 우리를 그렇게 사랑하신다는 것을 아는 것은 놀랍지만 그것이 내 삶 속에서 어떤 차이를 만들어 냅니까? 내가 볼 때 은혜는 어떤 모습일까요? 내가 은혜를 경험할 때 그 은혜는 무엇을 행할까요? 은혜가 일상

---

22. 얀시(Yancey), 놀라운 하나님의 은혜: 은혜 없는 세상을 향한 사랑과 용서의 메시지 (What's So Amazing about Grace?), 67.

23. 얀시(Yancey), 놀라운 하나님의 은혜: 은혜 없는 세상을 향한 사랑과 용서의 메시지 (What's So Amazing about Grace?), 67.

생활에서 어떤 차이를 관들어 줍니까?

　은혜는 다면적이고 미묘하고 다양한 방식으로 경험됩니다. 이 책의 나머지 부분에서는 은혜의 여정에 대한 다양한 표현을 살펴볼 것입니다.

△
길

찾으시는 은혜(또한 선행은총이라 불림)를 통해 하나님께서 길을 만들고 우리와의 관계로 이끄시기 위해 우리 앞서 행하신다.

2
찾으시는 은혜*

인자가 온 것은 잃어버린 자를 찾아 구원하려 함이니라
(눅 19:10)

제자도는 예수님을 우리의 인도자이자 동반자로 모시고 같은 방향으로 가면서 오랫동안 순종하는 것, 즉 한 길가는 순례자와 비슷합니다.[1] 우리는 이것을 은혜의 여정이라고 부릅니다. 은혜의 여정은 핵심과 관련성이 있기 때문에 항상 역동적입니다. 믿음으로 걷는 것은 제자도 여행의 모든 단계가 하나님의 은혜에 잠기게 됨에 따라 고됨보다는 모험이며, 의무보다는 기쁨이 됩니다. 우리는 삶의 다양한 사계절을 통해 여러 가지 방법으로 하나님의 은혜를 경험합니다. 이러한 은혜의 면이 항상 순차적인 것(특정 순서에 따르는 것)은 아니지만, 제자도 여행에서 성취하게 되는 다양한 목적에 따라 차별화됩니다.[2]

---

*이 장의 일부는 알 트루스데일(Al Truesdale)이 편집한 "전도의 웨슬리안적 토대"(Wesleyan Foundations for Evangelism)에서 데이비드 뷰직(David A. Busic)의 "앞서가는 은혜: 웨슬리안 정신의 선행은총"이라는 제목의 저자가 쓴 장에서 발췌되고 각색되었다. "전도의 웨슬리안적 토대"(Wesleyan Foundations for Evangelism) (Kansas City, MO : The Foundry Publishing, 2020). 허가를 받아 사용함.

1. "한 길가는 순례자"라는 구절은 목회자이자 신학자인 유진 피터슨(Eugine Peterson)이 쓴 제자도에 관한 책에서 가져왔다. 한 길 가는 순례자(A Long Obedience in the Same Direction: Discipleship in an Instant Society)(Downers Grove, IL: InterVarsity Press, 1980).

2. 은혜는 순차적으로 경험되지 않을 수 있지만 신학자들은 구원의 순서(ordo salutis)

우리가 하나님의 은혜를 경험하는 방법을 묘사하는 적어도 다섯 가지 성경적 주제가 있습니다.[3] 그것은 은혜가 다른 범주적 측면이나 유형으로 해부될 수 있는 것처럼 은혜의 다른 분류가 있다는 것을 말하는 것은 아닙니다. 잭 잭슨(Jack Jackson)이 지적했듯이 "하나님의 은혜는 단수형"[4]이며, 또는 존 웨슬리가 말한 것처럼 하나님의 은혜는 간단하게 말하면 "하나님의 사랑"[5] 입니다. 은혜를 다양한 형태로 분류하려는 이러한 경향을 피하기 위해 웨슬리는 은혜의 체험적 본질에 초점을 맞추었습니다. "사람들은 제자도 단계에 따라 하나님의 은혜를 다르게 경험합니다. 자연 상태 (그리스도인이 되기 이전)에 있는 사람들은 선행하는 은혜를 경험합니다. 그 은혜를 인식하게 되면 그들은 설득력있고 합리적인 방식으로 은혜를 경험합니다. 그리고 마침내 의롭다 함을 받으면 마음과 정신을 거룩하게 하는 은혜를 경험합니다."[6] 여기에서 웨슬리의 신학에 대한 잭슨의 설명은 아름답게 쓰여졌고 논리적이면서도 유연하며, 삶의 상황과 경험, 하나님이 지정하신

를 언급한다. 그럼에도 불구하고 다이앤 르클럭(Diane LeClerc)은 다음과 같이 중요한 점을 지적한다. "이것은 종종 그리스도인 삶의 일련의 단계로 간주되기 때문에 일부 학자들은 한 단계의 유동성을 강조하기 위해 구원의 길(via salutis)을 선호한다." 기독교 성결의 발견: 웨슬리안-성결 신학의 핵심 (In Discovering Christian Holiness: The Heart of Wesleyan-Holiness Theology)(Kansas City, MO: Beacon Hill Press of Kansas City, 2010), 315.

3. 이것은 앞 장에서 중요한 논점이었다. 은혜는 사물이 아니다. 은혜는 한 인격체이고 개인적인 것이다. 톰 노블(Tom Noble)은 은총을 객관적인 힘 또는 실체로 취급하는 경향이 중세 어거스틴주의에서 비롯되었다고 제안한다. 그리스도인들에게 주입될 수 있는 다양한 유형의 은혜가 나타났다. 이러한 경향은 17세기 개신교 학계에서 확대되었다. "그 은혜의 학문적 모델은 그 자체로 문제를 가져왔는데, 특히 성령의 개인적인 행위를 '은혜'라고 불리는 이 비인격적 실체로 대체하여 하나님의 행위를 비인격화하는 경향을 가져왔다." 노블(T. A. Noble), 성삼위일체:거룩한 백성: 그리스도인의 완전 신학(Holy Trinity: Holy People: The Theology of Christian Perfecting), (Eugene, OR: Cascade Books, 2013), 100.

4. 잭 잭슨(Jack Jackson), 그리스도를 바침: 요한 웨슬리의 복음전도 비전(Offering Christ: John Wesley's Evangelistic Vision)(Nashville: Kingswood Books, 2017), 53.

5. 요한 웨슬리(John Wesley), 설교 110(Sermon 110), "자유은혜("Free Grace"), Sermons III: 71–114, vol. 3 in The Bicentennial Edition of the Works of John Wesley (Nashville: Abingdon Press, 1986), 3.544, par. 1.

6. 잭슨(Jackson), 그리스도를 바침(Offering Christ), 53.

일, 섭리적 시기를 포함하는 관계적 여정으로서의 은혜와 사물로서의 은혜를 구별합니다. 은혜는 인격체이며 개인적인 방식 안에서 확장됩니다.

이를 염두에 두고, 이러한 것들은 다른 종류의 은혜가 아니라 우리가 우리 삶의 과정에서 인격화된 은혜로서의 하나님을 경험할 수 있는 다양한 방법이라는 것을 인식하면서, 은혜의 여정에서 하나님의 사랑을 얼마나 자주 경험하는지 더 잘 이해할 수 있도록 다음과 같은 주제들을 제시합니다[7].

- 찾으시는 은혜
- 구원하시는 은혜
- 성결케하시는 은혜
- 지속케하시는 은혜
- 충분한 은혜

다음 장에서부터 이러한 각각의 주제를 성경적으로, 신학적으로, 경험적으로 자세히 살펴볼 것입니다. 먼저 찾으시는 은혜부터 시작합니다.

우리 앞서가는 은혜

하나님의 은혜는 우리 구원의 순간에 시작되지 않습니다. 그것은 우리가 하나님이 필요하다는 인식보다 앞서 있습니다. 우리는 자연적으로 하나님을 찾지 않습니다. 대신 하나님께서 우리를 찾으십니다. 하나님께서 우리를 자신에게 더 가까이 이끌고자 하시는 이 행동에 대한 신학적 용어는 선행은총입니다. 선행은총은 간단히 말하면 우리가 하나님께 나아가기 전에 하나님이 우리에게 오시는 것을 의미합니다. 하나님의 은혜는 우리를 찾아

---

7. 윌리엄 그레이트하우스(William Greathouse)와 레이 더닝(H. Ray Dunning)이 "구원"을 폭 넓은 의미를 갖는 신학적 용어로 이해한 것을 따른다: "[구원]은 사람을 잃어버린가치로부터 회복시키려는 하나님의 모든 사역을 포괄한다. 초기 구원부터 시작하여 최종 구원 또는 '영광'을 포함하는, 회복의 모든 측면을 포함한다." 윌리엄 그레이트하우스(William M. Greathouse)와 레이 더닝(H. Ray Dunning), 웨슬리신학 개론(An Introduction to Wesleyan Theology), (Kansas City, MO: Beacon Hill Press of Kansas City, 1982), 75. .또한 그레이트하우스와 더닝은 구원이 하나의 단일 사건이나 경험에 있지 않다고 설명한다: "신약은 구원에 대해 세가지 시제로 말한다. 즉, 과거 (받았다), 현재(받다), 미래(받을 것)."

나서서 우리가 있는 곳으로 옵니다.

그리스도인들은 때때로 특정 장소에서 또는 특정 나이에 어떻게 "그리스도에게 나아갔는지"에 대한 진술로 회심 경험의 간증을 시작할 것입니다. 이것은 그들이 하나님을 만났고 그리스도 안에서 거듭남을 체험한 특정한 시간과 장소를 이야기하려는 진정한 시도입니다. 그러나 아무도 예수 그리스도께로 가지 않기 때문에 "그리스도에게 갔다"라는 말은 정확하지 않습니다. 예수 그리스도께서 우리에게 오십니다. 사도 바울은 최초의 이방인 그리스도인들에게 쓴 매우 중요한 편지에서 이렇게 말합니다. "그는 허물과 죄로 죽었던 너희를 살리셨도다. 그 때에 너희는 그 가운데서 행하여 이 세상 풍조를 따르고 공중의 권세 잡은 자를 따랐으니 곧 지금 불순종의 아들들 가운데서 역사하는 영이라. 긍휼이 풍성하신 하나님이 우리를 사랑하신 그 큰 사랑을 인하여 허물로 죽은 우리를 그리스도와 함께 살리셨고(너희는 은혜로 구원을 받은 것이라)"(엡 2:1-2, 4-5). 바울이 특별히 강조하기 위해 반복하는 단어인 '죽었다'에 주목하십시오. 바울은 이것을 매우 심각하게 받아들입니다. 그는 우리가 우리의 죄로 인해 "아프다"거나 우리의 죄에 "걸렸다"고 말하지 않습니다. 아닙니다. 우리는 죄로 인해 죽었습니다.

성경에 따르면 죽음에는 육체적, 영적, 그리고 영원한 죽음, 세 종류가 있습니다. 바울은 영적 죽음을 설명하고 있습니다. 우리는 살고 호흡하며 살아가는 시늉을 하고 있었지만 실상은 죄 때문에 영적으로 죽었습니다. 사람은 육체적으로 살아서 걸어 다닐 수 있지만 속으로는 영적인 감각이 없기 때문에 영적인 것에 반응할 수 없습니다. 그래서 영적으로 죽은 사람은 영적 진리와 연결되지 않는 것입니다. 이것은 죽은 사람이 후각을 갖고 있다고 생각하는 것보다 더 비현실적입니다. 죽은 사람들은 반응이 없고 다른 사람들과 연결이 끊어져 있고 주변 환경을 인식하지 못합니다.

바울은 우리 모두가 걸어다니는 좀비와 같은 상태에 있다고 말했습니다. 죽은 사람은 외부 자극에 반응할 수 없기 때문에 영적으로 죽은 사람은 자신의 힘으로 "그리스도에게로 올 수" 없습니다. 외부로부터 도움이 와야 합니다. 그러므로 바울과 다른 관련 성구들에 따르면 하나님은 우리의 절박한 상황에 개입하시고 우리가 스스로 할 수 없는 일을 하십니다. 즉, 하나님은 우리가 있는 곳으로 오십니다. 그리고 성령의 능력으로 우리를 향해 움직이시고 우리의 영적 감수성을 깨우십니다. 이러한 사실은 심오한 생각으로 이어집니다. 즉, 하나님의 속삭임을 거절하는 우리의 능력조차도 하나님의 선행은총이 이미 우리 안에 역사했기 때문에 가능해졌다는 것입니다. 하나님께서 우리의 영적 의식을 자유롭게 하셨기 때문에 우리는 하나님께 응답할 자유가 생겼습니다. 우리를 향한 은혜의 움직임은 하나님에 대한 어떠한 응답보다 선행됩니다.

"잠자는 숲 속의 미녀"(Sleeping Beauty)는 사악한 여왕의 마법에 걸린 공주에 대한 이야기를 담은 유명한 동화입니다. 공주는 영원한 수면 상태에 있으며, 그녀가 깨어날 수 있는 유일한 방법은 왕자가 와서 그녀에게 입을 맞추는 것입니다. 이 입맞춤은 그녀를 혼수 상태에서 깨우고 절망적인 상태에서 그녀를 구출하게 됩니다. 동화일 뿐이지만 선행은총이 어떻게 작용하는지를 상징적으로 보여줍니다. 성경은 모든 인간의 영혼이 일종의 영적 죽음의 수면 상태에 있으며 영적인 자각에 도달할 수 없다고 말합니다. 그런 다음 하나님의 아들, 왕자가 와서 우리에게 입맞추고, 마법이 깨지고 우리는 이전에 알지 못했던 새로운 실재를 깨닫게 됩니다. 누가복음 15장에 나오는, 집나간 아들을 향한 사랑에 빠진 아버지가 길 저편 끝에 서있는 탕자에게 달려가듯이, 이 입맞춤은 선행은총을 나타냅니다. 감동적인 비유에 나오는 이 단어들을 선행은총의 렌즈를 통해 다시 읽어 보십시오. "아직도 거리가 먼데 아버지가 그를 보고 측은히 여겨 달려가 목을 안고 입을 맞추니, '이 내 아들은 죽었다가 다시 살아났으며 내가 잃었다가 다시 얻었노라' 하니 그들이 즐거워하더라"(눅 15:20, 24).

요한 웨슬리와 선행은총

우리의 신학적 선구자인 요한 웨슬리는 선행은총에 대해 많은 이야기를 했습니다. 그는 회심 이후에 실제 제자도가 시작된다고 믿었지만, 하나님을 찾고자 하는 갈망, 자각의 시작을 의미하는 갈망을 불러 일으키는 하나님의 은혜가 미리 역사한다고 주장하였습니다.[8] 하나님이 먼저 우리를 찾으시기 때문에 우리는 하나님을 찾습니다.

존 웨슬리는 모든 사람에게 확대된 선행은총의 능력에 대한 생각을 처음으로 받아 들인 사람은 아니었지만, 구원의 순서에 있어서 자신의 구별된 생각을 분명하게 추가했습니다.[9] 그것을 "선재은총(preventing grace)"이라고도 부르는 웨슬리는 태어날 때부터 하나님의 은혜가 모든 사람에게 활성화되어 그들을 예수 그리스도 안에 있는 영생으로 이끌어 가기를 추구한다고 믿었습니다. 선포된 복음을 들어 본 적이 없더라도 마찬가지입니다. 성령을 통한 하나님의 임재와 활동은 복음을 듣고, 영적으로 깨닫고, 회심하는 것보다 "앞서가는" 은혜입니다.

그 누구도 하나님의 은혜 앞에 낯선 사람이 아니며 모든 사람은 예수님의 구애의 대상입니다. 타락한 인간으로서 "허물과 죄로 죽었던"(엡 2:1) 우리는 우리 자신의 힘으로 하나님께 나아갈 수 없습니다. 그러므로 하나님은 모든 깨달음, 회심, 삶의 변화의 현장에서 항상 먼저 계신 분이십니다. 우리는 성령의 초기 활동이 항상 우리의 응답보다 앞서기 때문에 "선행적"이라고 부릅니다. 예수 그리스도를 믿게 될 수 있지만, 하나님이 먼저 이끌고 허락하지 않는 한 아무도 "그리스도께로 오지" 못합니다. 예수님은 제자들에게 그것이 성령이 하시는 일이 될 것이라고 말씀하셨습니다(요 16:5-15; 또한 요 6:44 참조).

로벳 윔즈(Lovett Weems)가 말했듯이, "하나님은 우리가 하나님을 찾기 전에 우리를 찾으십니다. 구원의 주도권은 태초부터 하나님과 함께 합니다. 우리가 한 발을 내딛기 전에 하나님이 거기 계십니다."[10] 은혜는 거부할 수 없는 것은 아니지만 하나님과의 개인적인 관계로의 초청에 버려진

---

8. 잭슨(Jackson), 그리스도를 바침(Offering Christ),43-44. 또한 랜디 매덕스(Randy Maddox), 책임적 은총: 요한 웨슬리의 실천신학(Responsible Grace: John Wesley's Practical Theology)(Nashville: Kingswood, 1994), 8을 참고하라.

9. 가톨릭 전통에서는 "실제 은혜"가 두 부분으로 나뉜다. "작동하는 선행은총"과 "협동하는 후행적 은총."

10. 로벳 윔즈(Lovett H. Weems, Jr.), 요한 웨슬리의 신학과 유산(John Wesley's Message Today)(Nashville: Abingdon Press, 1991), 23.

사람은 없습니다. 이것이 웨슬리안-성결 전통에 있는 사람들에게 의미하는 것은, 누군가와 복음을 나눌 때 결코 도덕적으로 중립적인, 즉 선과 악의 영향을 받지 않은 사람을 만나는 상황에 직면하지 않는다는 것입니다. 선행은총의 영향을 받지 않은 사람은 우리가 만나는 사람가운데 없습니다. 확실히 어떤 사람들은 다른 사람들보다 더 저항하거나 반응이 좋을 것이지만, 우리가 전도의 현장에 오기 훨씬 전에 하나님께서 그들의 삶에서 성실하게 활동하셨음을 확신할 수 있습니다. 우리가 그들의 삶의 무대에 들어가기 전에 이미 왕자가 다녀갔습니다.

구원을 위한 하나님의 제의는 강압적이지 않습니다. 본질적으로 상호간의 사랑(진정한 관계의 기본)은 제의된 사랑을 받아들이거나 거부할 자유를 필요로 합니다. 그럼에도 불구하고 선행은총은 우리의 응답에 앞서 행하고 우리의 응답을 가능하게 합니다. 이것이 구속의 순서이며 제자도의 시작입니다. 하나님께서 개입하시고 우리가 응답합니다. 은혜는 항상 먼저 앞서 갑니다.

하나님께서 우리 안에 행하시는 것을 이루어 가기

신약 전체가 증거하고 있으며 특히 사도 바울의 편지에서 강조하듯이 "어떤 사람이 예수님을 부활하신 주님으로 믿게 되었을 때 그 사건 자체가 복음을 통한 성령의 역사이며, 성령께서 그 믿음이 첫 열매인 '선한 일'을 시작했다면 성령이 그 일을 완수할 것을 믿을 수 있습니다."[11] 그러나 이러한 확신이 인간 참여의 중요성을 부정하지는 않습니다. 관계에는 협력이 필요합니다.

바울은 누가 은혜의 여정을 시작하고 끝내는지 다음의 말로 강조합니다. "너희 안에서 착한 일을 시작하신 이가 그리스도 예수의 날까지 이루실 줄을 우리는 확신하노라"(빌 1:6).[12] 또한, 예수님의 제자(그리고 교회)는 그들

---

11. N.T. 라이트(N. T. Wright), 바울평전(Paul: A Biography)(San Francisco: HarperOne, 2018), 96.
12. 하나님은 은혜의 여정을 시작하시는 분이시며 동시에 가능케 하시는 분이시라는 것을 주목하라.

"안에서 행하시는 이는 하나님이시니 자기의 기쁘신 뜻을 위하여" 그들에게 "소원을 두고 행하게 하시나니" "항상 복종하여 두렵고 떨림으로" 그들의 "구원을 이루"(2:12-13)어야 합니다.[13] 우리는 은혜로 하나님께서 우리 안에서 행하시는 것을 세상에서 이루어 가야 합니다. 도움이 될 만한 성경적 예가 많이 있습니다.

하나님은 갈대아 우르(현재의 이란)라는 곳에서 아브라함에게 찾아 오셨습니다. 하나님은 "내가 너로 큰 민족을 이루고 네게 복을 주어 네 이름을 창대하게 하리니 너는 복이 될지라"(창 12:2)라고 먼저 말씀하셨습니다. 누가 먼저 찾아 갔습니까? 하나님이 가셨습니다. 누가 아브라함에서 선한 일을 시작했습니까? 하나님이 하셨습니다. 그러나 아브라함은 하나님께서 자기 안에서 일하시는 것을 세상에서 이루어 가기 위해 순종함으로 반응해야만 했습니다. 하나님은 꿈에 야곱에게 오셔서 천국으로 가는 계단을 보여주셨고(창 28:10-22) 나중에 얍복강에서 야곱과 씨름하셨습니다(32:22-32). 누가 먼저 찾아 갔습니까? 하나님이 찾아 가셨습니다. 누가 야곱에서 좋은 일을 시작했습니까? 하나님이 하셨습니다. 그럼에도 불구하고 야곱은 하나님께서 그 안에서 행하시는 일을 이루어 가야만 했습니다.

모세는 사방으로부터 수백 킬로미터 떨어진 곳에 있었습니다. 하나님은 불타는 덤불을 통해 그에게 오셔서 애굽의 노예 생활에서 그의 백성을 구출하기 위해 그를 부르셨습니다(출 3:1-4:17). 누가 먼저 찾아 갔습니까? 하나님이 찾아 가셨습니다. 누가 모세에서 선한 일을 시작했습니까? 하나님이 하셨습니다. 그럼에도 불구하고 모세는 하나님께서 자기 안에서 행하시는 일을 이루어 가야만 했습니다.

부활의 그리스도는 다메섹으로 가는 길에서 사울에게 나타나셨습니다(행 9:1-19). 사울은 하나님을 찾고 있지 않았습니다. 그는 그리스도인을 박해하는 임무를 수행하고 있었습니다. 누가 먼저 찾아 갔습니까? 하나님이 찾아 가셨습니다. 누가 (곧 이방인을 위한 선교사가 될 바울인) 사울에서 선한 일을 시작했습니까? 하나님이 하셨습니다. 그럼에도 불구하고 바울이

---

13. "당신"이라는 단어가 복수형이기 때문에 여기에 "교회"를 추가하였다.

나중에 빌립보 교회에 보낸 편지에서 말했듯이, 그는 하나님께서 그 안에서 행하시는 일을 이루어야만 했습니다.

유대의 광야 길에서 아프리카에서 온 내시(행 8장), 오후 3시에 환상을 본 고넬료(행 10장), 강변에 있던 루디아(행 16장)… 그들의 공통점은 무엇입니까? 이 이야기와 그 밖의 많은 이야기를 통해서 먼저 오신 하나님에 대해 믿음으로 반응하는 사람들을 보여줍니다. 그들 모두는 하나님께서 그들 안에서 행하시는 일을 이루고 있었습니다.

선행은총으로 행하시는 하나님과 그에 대해 믿음으로 응답하는 사람 사이에는 일관된 패턴이 있습니다. 영국의 선교학자 레슬리 뉴비긴(Lesslie Newbigin)은 "신앙은 그리스도의 완성된 일을 붙잡고 내 것으로 만드는 손이다"라는 유명한 말을 했습니다. 그것은 응답의 필요성을 없애진 않지만 선행은총이 항상 우선입니다. 예정론의 꿋꿋한 지지자였던 어거스틴도 "우리를 우리 없이 지으신 분은 우리 없이는 우리를 구원하시지 않을 것이다"라고 단언했습니다.[14]

섭리와 선행(先行)

섭리의 은혜와 선행은총에는 차이가 있습니다. 섭리는 하나님께서 인간을 포함하여 그의 창조물을 유지하고 공급하기 위해 제공하는 것입니다.[15] 하나님은 세상을 유지하고 개인을 위해 필요한 것을 "마련" 또는 "준비"(창 22:8, 14, 새번역)하십니다..

하나님의 섭리가 모든 사람의 삶과 어느 지점에서인가 만나는 방식은 심오한 신비입니다. 언제, 어디서, 어떤 가정에서 태어나는가는 섭리의 문제입니다. 1765년 인도의 힌두 가정에서 태어난 사람과 2020년

---

14. 요한 웨슬리에서 인용, 요한 웨슬리의 설교전집(The Works of the Rev. John Wesley)(Kansas City, MO: Nazarene Publishing House, n.d.; and Grand Rapids: Zondervan Publishing House, 1958, concurrent editions), VI, 513.

15. "providence"라는 단어는 두 개의 라틴어에서 유래했다. pro는 "앞으로"또는 "대신"을 의미하고, videre는 "보다"를 의미한다. 섭리는 때로 두 가지 범주로 구분된다. "일반 섭리"는, 우주에 대한 하나님의 보살핌; 그리고 "특별 섭리"는 사람들의 삶에 대한 하나님의 개입이다.

모잠비크의 기독교 가정에서 태어난 사람은 섭리의 문제입니다. 하나님의 섭리는 영적인 책임의 정도를 다양하게 만듭니다. 평생 복음을 들을 수 있는 기회가 주어진 사람은 예수님의 이름을 들어 본 적이 없는 사람과는 다르게 심판을 받게 됩니다. 신실하고 현명한 종에 대한 예수님의 비유는 물질적 소유에 관한 내용만 있는 것이 아닙니다. 그 비유에는 하나님의 은혜에 대한 청지기적 태도가 포함되어 있습니다. "무릇 많이 받은 자에게는 많이 요구할 것이요 많이 맡은 자에게는 많이 달라 할 것이니라"(눅 12:48). 모든 사람에게 균등한 기회가 주어지지는 않습니다. 어떤 사람들에게는 더 많이 제공되고 일부에게는 덜 제공됩니다. "더 많은" 은사를 받은 사람에게는 더 많이 응답할 것이 요구됩니다. 이것은 신적 섭리의 문제입니다.

하나님이 우리를 어떤 자리에 두는 것이 섭리라면, 선행은 하나님이 우리를 만나는 다양한 방법을 설명합니다. 모든 사람은 구원에 앞서가는 동일한 은혜를 받습니다. 그러나 반응하는 기회는 다릅니다. 하나님은 끈기있고 참을성있게 모든 사람에게 자신을 알리십니다. 이 신앙은 인간이 먼저 신을 향해 나아가면 신이 응답하실 것이라고 가르치는 다른 세계 종교와 기독교를 구별합니다. 기독교는 순서를 뒤집습니다. 하나님은 항상 먼저 행동하심으로서 응답을 가능하게 합니다.

하나님은 은혜와 평강의 선한 일을 시작하십니다. 구속과 새 창조는 항상 하나님의 주도로 시작됩니다. 아버지께서 예수 그리스도를 세상에 보내셨다는 선언이 이것을 가장 밝히 드러내는 것입니다. 하나님은 항상 먼저 행동합니다. 하나님의 성령은 사람들에게 구원의 필요성을 깨우치고 죄를 확신시키며 그들이 믿음으로 응답할 때 그리스도의 속죄를 적용합니다.

요한 웨슬리에게 영적 각성은 단순한 양심 이상입니다. "그가 성령을 소멸하지 않는 한, 하나님의 은혜가 전적으로 없는 사람은 없다. 살아있는 사람은 자연적인 양심이라고 통속적으로 불리는 것이 완전히 결핍된 경우는 없다. 모든 사람은 그 빛을 어느 정도 가지고 있다. 이것은 세상에 오는 모든 사람을 비춘다. 그리고 모든 사람은 자신의 양심에 반하는 행동을 할 때 다소 불안감을 느끼게 된다. 그러니 은혜가 없어서 죄를 짓는 사람은 없다. 그 은혜를 사용하지 않기 때문이다."[16] 양심의 가책, 옳고 그름에 대한 인식의 증가, 그리고 영적 인식을 일깨우는 것은 모든 사람에게 주시는 하나님의 은혜로운 선물입니다. 이러한 확신은 웨슬리 정신에 있어서 전도에 중요한 의미를 부여하고 있습니다.

선행은총과 전도

나는 그리스도를 따르는 삶을 살기 어려운 곳에 사는 기독교 목회자들을 만난 적이 있습니다. 기독교인이 되는 것은 합법이지만 이미 한 신앙을 갖고 있는 사람을 다른 신앙의 길로 이끄는 전도를 금지하는 엄격한 국내법이 있는 곳입니다. 공공연하게 기독교 전도를 하게 되면 감옥에 갇히거나 심지어 죽을 수도 있습니다. 그렇게 적대적이고 위험한 환경에서 어떻게 전도하는지 목사님들에게 물었습니다. 잠시 침묵한 후, 한 목사님이 "꿈"이라고 대답했습니다. 이해가 안 되어서 설명해 달라고 부탁했습니다. "수십 명이 아니라 수백 명의 이웃들이 밤에 꿈을 꾸고 있습니다. 부활하신 그리스도께서 아름다움과 위엄으로 그들에게 나타납니다. 잠에서 깨어난 후 그들이 와서 질문을 합니다. '밤에 우리를 찾아 오는 이 남자에 대해 말해주세요.' 그들이 물어 보면 대답하는 것이 우리의 의무입니다. 우리는 전도하지 않습니다. 단지 그들이 경험한 것이 무엇인지 설명하기 위해 우리의 경험을 이야기할 뿐입니다. 그들 중 많은 사람들이 그런 식으로 그리스도께 돌아오고 있습니다."

교회가 전도의 문이 닫힌 경험을 하는 곳에 하나님의 영이 우리보다 앞서 가고 있습니다. 하나님의 선행은총은 경계나 장벽이 없습니다. 하나님의 사랑은 가장 어렵고 저항적이고 적대적인 사람들에게도 끊임없이 다가갑니다. 그들이 결코 순종적 믿음으로 반응하지 않을지 모르지만 그들을 사랑하고 이끄는 것을 멈추지 않으시는 하나님의 만연한 임재를 피할 수 없습니다.

그것이 '예수 영화(Jesus Film)'의 반복되는 이야기였습니다. 이

---

16. 웨슬리(Wesley), 설교전집(Works), VI, 512.

영화는 그리스도의 삶을 극적으로 묘사합니다. 전 세계 수많은 사람들의 삶에 끼친 은혜의 효과적인 도구였습니다. 예수의 이름을 한 번도 불러보지 못한 외딴 지역의 사람들에게 상영되었습니다. 한 추장이 영화 상영 중에 벌떡 일어나서 "잠깐! 우리는 이 사람을 압니다! 이 사람은 수년 전에 우리 조상에게 나타나 이 구원의 이야기를 계시했습니다. 그는 언젠가 누군가가 우리에게 그의 이름을 알려줄 것이라고 말했습니다. 이제 우리는 그의 이름이 예수라는 것을 압니다"라고 했다는 이야기가 있습니다. 이것은 다른 유사한 이야기의 한 예일 뿐이지만 항상 그렇듯이 하나님의 영이 교회보다 훨씬 앞서 계시다는 것을 보여줍니다. 성령님은 복음을 받게 하기 위해 사람들의 마음 밭을 가꾸셨습니다. 복음을 선포하기 위해 교회가 도착하기 오래 전부터 선행은총이 하나님의 섭리 계획과 서로 만났습니다. 그 결과, 종종 부족 전체가 그리스도를 믿게 됩니다.

기독교 전도는 혼자서 하는 시간이 아닙니다. 그것은 항상 은혜롭게 앞서가는 성령님에 의해 촉발된 관계적 상호 작용에서 발생합니다. 그리스도인은 하나님이 그들을 일깨워 그리스도 예수를 믿는 회개와 믿음으로 인도하기 위해 행하신 놀라운 방법을 인생의 백미러를 통해 못 볼 수 없습니다.

나의 아버지는 나사렛교인인 양부모님을 통해 십대 때 그리스도인이 되었습니다. 나는 그리스도인인 부모님의 본을 통해, 그리고 매주 수요일 아침마다 성실하게 만나 저의 구원을 위해 특별히 기도하는 남성 소그룹에 의해 그리스도인이 되었습니다. 은혜의 여정은 사람마다 독특합니다. 모든 사람에게 남아있는 똑같은 점은 하나님이 항상 앞서 간다는 것입니다.

내 친구 스테파니(Stephane)는 독일의 한 대학에서 로봇 과학을 공부하는 무신론자였습니다. 그의 무신론자 삼촌은 그에게 "미션(The Mission)"이라는 영화에 대해 이야기하면서 "완벽한 연기와 아름다운 풍경"이 나오는 그 영화를 보도록 권면했습니다. 이 영화는 18세기 아르헨티나 북동부 정글을 배경으로 합니다. 스페인 예수회 선교부는 과라니 원주민 부족을 그리스도께 인도하기 위해 설립되었습니다.

스테파니는 영화 테이프를 빌렸습니다. 그는 특히 노예 상인이자 용병인 로드리고 멘도자(Rodrigo Mendoza)가 가파른 산의 폭포를 오르는 장면에 감동했습니다. 멘도자의 사업 도구인 무기와 칼을 담은 짐들이 그의 등에 묶여 있습니다. 그는 자신의 많은 죄 때문에 고행을 하고 있었던 것입니다. 멘도자가 절벽 꼭대기에 이르자 멘도자에게 납치되어 노예로 팔렸던 한 부족 전사가 멘도사의 목을 베어버릴 것처럼 칼을 들고 그에게 달려 들었습니다. 잠시 망설이던 부족의 전사는 멘도자의 어깨에서 줄을 자르고 무거운 짐을 폭포 아래로 떨어 뜨립니다. 멘도자는 이 젊은 전사가 복수심에 불타오르던 것에서 변화되어 자비를 보여주려는 의지로 바뀐 것을 그 순간 알게 됩니다.

지치고 진흙으로 뒤덮인 멘도자는 땅에 쓰러집니다. 그는 후회의 눈물이 아니라 내면의 평화에서 나오는 기쁨으로 인해 통제할 수 없는 눈물을 쏟기 시작합니다. 그는 마을에서 피난처를 제공받고 그들의 공동체에 받아들여집니다. 결국 멘도자는 예수회 사제로 서원을 하게 됩니다.

그 후에 멘도자는 사랑의 의미에 대한 구절을 발견하게 되는 책을 받습니다. 스테파니는 그 단어들의 출처를 몰랐지만 그가 들어 본 것 중 가장 시적이고 아름다운 단어라고 말했습니다. 그 내용을 반복적이고 꼼꼼하게 봤을 정도로 그의 마음을 사로잡았습니다. 그는 그 말을 잊어 버리지 않기 위해 종이에 적었습니다. 그런 다음 그는 시의 출처를 조사하기 위해 도서관으로 갔습니다. 늘랍게도 그 말씀은 성경에서 나온 것입니다. 그는 "사랑장"인 고린도전서 13장을 반복해서 읽었습니다.

얼마 지나지 않아 스테파니는 동급생에게 연애 감정을 갖게 되었는데 어느 날 밤 그녀는 스테파니를 "클럽"이라고 부르는 곳에 초대했습니다. 그곳은 성경공부를 하는 곳이었습니다. 스테파니는 주기도문을 배웠습니다. 과학자로서 그는 논리적 결과를 결정짓는 실험을 믿었습니다. 스테파니는 잠자리에 들기 전 주기도문을 외울 때마다 마음의 평화를 얻게 되었다는 것을 알게 되었습니다. 곧 그는 매일 밤 잠자리에 들기 전에 기도하기 시작했습니다. 그는 강렬한 사랑과 앞서 가는 은혜에 의해 영적으로 깨어났습니다.

선교사 하나님은 젊은 무신론자의 기도에 응답하기 시작했습니다.

그는 "완벽한 연기와 아름다운 풍경"을 담은 영화를 통해 하나님의 사랑의 찬란함을 발견했습니다. 스테파니는 이미 베풀어진 은혜에 반응했습니다. 그는 그리스도를 믿는 신앙을 고백하고 하나님께서 그의 안에서 행하신 일을 세상에서 이루기 시작했습니다. 스테파니는 현재 나사렛교회의 선교사입니다. 이것이 회개와 변화로 이끄는 하나님의 선행은총입니다.

선행은총의 능력에 대한 믿음은 '아직 그리스도인이 되지 않은 사람은 더 이상 가망성이 없다'는 생각을 불가능하게 합니다. 우리는 하나님께서 포기하지 않으시기 때문에 누구에게도 희망을 포기해서는 안됩니다. 전도자의 확신은 그 자신이나 복음을 듣는 사람들의 능력에 있지 않습니다. 오히려 우리의 절대적인 확신은 하나님의 사랑이 모든 사람을 위한 것이라는 것입니다. 그것은 풍성하게 넘쳐나고(엡 1:7), 쉼이 없으며, 불변합니다. 하나님이 시작하신 것을 완성하기에 충분합니다. 하나님께서 지정하신 일, 즉 하나님과 이웃을 섬길 수 있도록 우리를 특별한 만남이나 경험으로 이끌어 가시는 하나님의 경륜이 기다리고 있습니다!

하나님께서는 한 영혼에게 도달하기 위해 얼마나 멀리 가실까요? 하나님의 찾으시는 은혜에 대해 노래한 코리 애즈버리(Cory Asbury)의 2017년 발표작 "무모한 사랑(Reckless Love)"의 가사를 보게 되었습니다. 가사는 "한마디 말을 하기도 전에" "첫 번째 숨을 쉬기도 전에" 가수의 삶에 임한 하나님의 은혜에 대해 이야기합니다. "아흔 아홉마리의 양을 두고 나를 찾을 때까지 포기하지 않는" "엄청나고 끝없고 무모한 하나님의 사랑"을 묘사합니다. 후렴은 다음과 같습니다.

당신이 밝히지 못할 어둠은 없어요.

당신이 오르지 못할 산도 없어요.

나를 찾기 위해서라면요.

당신이 넘지 못할 벽이란 없어요.

무너뜨리지 못할 거짓말 따위는 없어요.

나를 만나기 위해서라면요.[17]

---

17. 일부 사람들은 이 노래에서 "무모한"이라는 단어를 사용하는 것에 대해 우려를

엄청납니다. 끝이 없습니다. 그것이 한 영혼을 찾기 위해 가시는 하나님의 거리입니다.

표명했다. 이 단어가 '부주으'를 의미하면 문제가 되겠지만, 대담하고 놀랍고 넘친다는 뜻이라면 하나님의 사랑을 묘사하는 단어에 가까워진다고 볼 수 있다.

△□ 진리

구원하시는 은혜를 통해 예수님은
우리를 죄에서 구출하시고 우리를
자유케 하는 진리로 인도하신다.

3
구원하시는 은혜

죄의 삯은 사망이요 하나님의 은사는
그리스도 예수 우리 주 안에 있는 영생이니라
(롬 6:23)

한 스포츠 기자가 유명한 프로 골퍼인 잭 니클라우스(Jack Nicklaus)에게 아마추어 골퍼에게 가장 흔한 문제점을 알려달라고 요청한 적이 있습니다. 나는 연습 부족이나 퍼팅을 지속적으로 잘 할 수 없는 것 등을 말할 것으로 기대했는데 니클라우스가 "과신"이라고 대답했을 때 놀랐습니다. 과신은 그들이 실제의 실력보다 더 낫다고 생각하거나 그들이 할 수 있는 것보다 더 잘 할 수 있다고 생각하는 것입니다. 두 나무 사이로 샷을 칠 수 있을 것 같다거나 워터해저드 위로 공을 넘길 수 있을 것이다라고 생각하는 것은 과신입니다.

사람들은 항상 그렇게 합니다. 그들은 자신의 능력을 과대 평가하고 한계를 과소 평가합니다. 그러나 과대 평가 문제는 영적 영역에서 더 자주 발생합니다. 우리는 우리의 영적 능력을 과대 평가하고 영적 약점을 과소 평가합니다.

도덕주의

이렇게 자신을 영적으로 과대 평가하는 경향을 도덕주의라고 합니다.

도덕주의는 사람이 점잖게 도덕 생활을 하고 그들의 행동을 개선시켰기 때문에 모든 것이 영적으로 잘된다는 독선적인 믿음입니다. 다른 말로 말하자면, 도덕주의자는 자신이 행한 선한 일과 행치 않은 악한 일에 따라 구원을 받는다고 믿는 사람입니다.

도덕주의자들은 모두 비슷한 말을 합니다. "나는 테레사 수녀는 아니지만 그렇다고 아주 나쁜 사람도 아닙니다. 나는 정직한 생활을 합니다. 나는 빚을 잘 갚습니다. 나는 배우자를 속이지 않습니다. 자선 단체에 소정의 기부를 합니다. 나는 영적으로 엄청나지는 않지만 그렇다고 해서 그렇게 나쁘지도 않습니다." 다시 말해서, 도덕주의자들은 그들이 훨씬 더 나쁜 "다른" 사람들(연쇄 살인범, 성폭행범, 마약상 등)과 비교해 볼 때 선을 더 많이 행한다는 사실을 하나님께서 심판의 날에 고려하실 것이라는 사고 방식을 갖고 있습니다. 오늘날 우리 세상에는 도덕주의가 만연합니다.

2004년에 갤럽(Gallup)은 미국인들이 천국에 대해 어떻게 생각하는지 알아보기 위해 설문 조사를 실시했습니다. 제 관심을 끌었던 것은 자신이 천국에 갈 것이라고 믿는 사람들의 숫자입니다. 천국을 믿는다고 답한 사람들의 77%가 그곳에 갈 가능성이 "많다" 또는 "아주 많다"라고 평가했습니다. 그러나 설문 조사에 응답한 사람들에 의하면 그들의 친구들은 열 명 중 여섯 명만이 천국에 갈 것이라고 답했습니다. 특히 도덕적 관점과 관련하여 가장 주목할 만한 것은 설문 조사에 참여한 많은 사람들이 "착한 삶을 살았던 사람들이 영원히 보상받는 천국이 있다"는 믿음을 갖고 있다는 것입니다.[1] 대부분의 사람들이 "착한 삶"과 "도덕적 행동"때문에 죽을 때 천국에 간다고 믿는 것입니다.

영국 웨일즈의 왕세자비였던 다이애나(Diana)는 1997년에 사망했습니다. 그것은 전 세계인들에게 비극적인 사건이었습니다. 그녀의 세계적인 인기로 인해 언론의 관심이 대단했고 대중적 애도가 광범위하게 있었습니다.

---

1. 앨버트 L. 윈스맨(Albert L. Winseman), "영원한 목적지: 천국과 지옥을 믿는 미국인들"("Eternal Destinations: Americans Believe in Heaven, Hell"), May 25, 2004,https://news.gallup.com/poll/11770/eternal-destinations-americans-believe-heaven-hell.aspx.

다이애나가 지금 천국에 있고, 자신들을 돌보는 천사가 되었으며, 천국이 이 세상보다 그녀에게 더 좋은 곳이라는 사실이 그들에게 얼마나 위로가 되는지 사람들이 이야기하는 것을 들었던 기억이 납니다. 나는 다이애나가 천국에 없을 것이라는 의견을 말하는 것이 아니라 많은 사람들이 그녀가 거기에 있다고 말하는 이유가 놀라웠습니다. 내가 지켜 본 바로는 그녀는 선한 영향력을 사용한 친절하고 자비로운 사람이었습니다. 그녀는 가난한 사람들과 함께 일했고, 에이즈 환자를 옹호했으며, 그녀의 활동은 어린이와 청소년에 대한 인식을 높이는 데 도움이 되었습니다. 이것들은 모두 알려진 놀라운 것들이지만 그러한 것이 우리를 구원하는 것입니까? 착하거나 선을 행하면 구원, 천국, 영원한 상으로 이어질 수 있습니까?

우리는 이러한 질문과 관련하여 다양한 의견이 있는 시대에 살고 있습니다. 많은 사람들은 하나님이 선함을 채점하여 등급을 매기고, 착한 일을 하면 효력이 더 크다고 생각합니다. 만약 우리가 "나쁨" 칸보다 "좋음" 칸에 더 많은 것을 쌓을 수 있다면, 어떻게든 우리를 선호하는 쪽으로 가중치가 부여될 것이고, 우리의 착한 삶과 정직한 노력은 '나쁨'과 '좋음'의 차이를 보완하는 것 이상이 될 것이라고 생각을 합니다. 그것이 도덕주의입니다.

그러나 이 점에 있어서 하나님의 말씀은 분명합니다. 우리는 우리의 노력으로 구원을 받지 못합니다. 우리의 선함으로 구원받지 못합니다. 우리의 의도로 구원받지 못합니다. 우리는 은혜로 구원을 받고 그 은혜는 외부에서 옵니다. 구원의 은혜는 예수 그리스도의 인격 안에 계신 하나님으로부터 옵니다.

속죄

십자가는 아마도 오늘날 세계에서 가장 널리 알려지고 인정되는 상징물일 것입니다. 십자가를 볼 때 우리는 십자가에 못 박히셨던 예수님의 삶과 죽음을 떠올리게 됩니다. 십자가 형은 인류가 발명한 가장 끔찍하고 고통스러운 처형이었습니다. 그렇기 때문에 1세기의 사람은 십자가를 목걸이로 사용하는 현대인을 보면 이상하다고 생각할 것입니다. 오늘날 전기의자 아이콘을 목걸이로 사용하는 사람을 본다면 전기의자가 흉악범 처벌과 죽음의 수단이기 때문에 이상하다고 생각할 것입니다. 이것이 바로 1세기 사람들에게는 십자가였습니다. 불명예스럽고 혐오스러운 것입니다. 흉악한 범죄자와 반란자들에게 사용된 것입니다. 십자가에 못 박히심은 너무나 끔찍해서 그것을 설명하는 단어가 만들어졌습니다. '극심한 고통'을 뜻하는 영어 단어 "excruciating"은 문자적으로 "십자가에서"를 의미합니다.

십자가에 못 박아 죽이는 것은 느리고 고통스럽고 공개적으로 죽이는 방법이었습니다. 공개적 처형이었습니다. 그래서 십자가에 못 박힌 사람들은 종종 야유과 조롱을 받았습니다. 군중들은 십자가에 매달린 사람들이 숨쉬기를 괴로워하며 숨을 헐떡이는 상태에 놓이는 모습을 보면서 돌을 던지며 웃었습니다. 십자가에 매달린 상태에서는 폐가 계속 작동하는데 어려움이 있기 때문에 궁극적으로 질식사하게 됩니다. 누군가는 죽는 데 며칠이 걸릴 수 있으며 십자가에 못 박힌 사람들은 장례에 있어서도 인간적인 대접을 받지 못했습니다. 그들의 시체는 종종 새들이 쪼아 먹도록 방치되었습니다. 로마 제국을 거스르는 사람들의 마지막 모습을 충분히 보게 한 후에, 시체의 남은 부분은 모두 쓰레기 처리장에 내다 버렸습니다.

예수님께서 흉악범을 위한 십자가에 못 박히셨다는 것을 잊지 말아야 합니다. 그리스도인들이 이것을 좋은 소식이라고 선언하는 것은 내게는 지금도 매우 특이해 보입니다. 사실 우리는 이것이야말로 우리가 들은 최고의 뉴스라고 말합니다. 성경이 이 좋은 소식을 표현하기 위해 선택한 단어는 "복음"입니다. 십자가는 우리의 복음, 우리의 좋은 소식입니다.

신약성경 안에서 복음을 가장 짧게 요약한 구절에서 사도 바울은 "내가 받은 것을 먼저 너희에게 전하였노니… 그리스도께서… 죽으시고…"(고전 15:3)라고 선언합니다. 그 자체만으로는 좋은 소식이 아니지만 바울은 비극적인 역사적 사실로부터 우리의 은혜의 여정에 대한 놀라운 연관성으로 우리를 이끌기 위해 매우 중요한 전치사인 "위하여"를 통해 그리스도의 죽음에 대한 신학적 의미를 부여합니다. "이는 성경대로 그리스도께서 우리 죄를 위하여 죽으시고…" "위하여"가 더해지면 그것은 좋은 소식, 즉 우리가

들은 최고의 소식이 됩니다.

　신학적으로 성경은 "우리 죄를 위해 죽는 것"을 속죄라고 부릅니다. 속죄는 예수 그리스도의 십자가를 통해 이루어졌습니다. 속죄의 교리는 구약에서 시작됩니다. 욤 키푸르(Yom Kippur)[2]라고도 불리는 속죄일은 고대 유대교에서 가장 성스러운 날이었는데 이 날은 회개와 용서의 날로 지정되었습니다.

　마음 속에 이것을 그려 보십시오. 수천 명의 제사드리는 자들이 자신의 죄를 속죄하고 하나님의 자비를 상기하기 위해 함께 모여 한 해를 시작한다고 상상해보십시오. 그날 모든 백성을 대표하는 대제사장은 염소 두 마리를 가져옵니다. 염소 한 마리가 도살되어 속죄의 제물로 희생됩니다. 피를 흘리며 동물이 죽었습니다. 롬 6:23은 "죄의 삯은 사망"이라고 말하고, 히 9:22은 "피 흘림이 없은 즉 사함이 없다"고 상기시켜 줍니다.

　첫 번째 염소는 율법에 따라 죽었습니다. 그러나 두 번째 염소는 살려두었으며 희생양이라고 불렀습니다. 대제사장은 희생양의 머리에 손을 얹고 이스라엘 백성의 모든 악과 죄를 고백했습니다. 상징적으로, 그 죄들은 염소 머리에 옮겨져 자리잡게 되었습니다. 그런 다음, 사람들의 그 모든 죄가 더 이상 보이지 않는 아주 멀리 떨어진 고독한 광야로 그 염소는 내쫓겨 나갔습니다.[3]

　그 의식은 해마다, 수십, 수백 년에 걸쳐 계속되었습니다(히 10:3-4 참조). 피를 흘렸습니다. 사람들의 죄를 씻기 위해 수천 마리의 동물이 끝없는 주기로 속죄의 제물로 희생되었습니다. 이것이 바로 예수님께서 살며 사역하신 배경의 맥락입니다. 십자가에서의 예수님의 죽음이 어떻게 모든 죄를 속죄하여 구원의 은혜를 가능하게 했는지 살펴보기 전에 먼저 다음의 두 가지 근본적인 질문을 생각해 보겠습니다. 죄란 무엇입니까? 죄에 대한 속죄가 필요한 이유는 무엇입니까?

---

　2. Yom = "날(day);" Kippur = "속죄하다, 깨끗게 하다"("to atone; cleanse")
　3. 전통에 따르면 희생양을 풀어주는 임무를 맡은 사람은 이스라엘 백성들과는 아무런 관계가 없었던 이방인이었다.

죄란?

첫째, 죄는 반역입니다. 아마도 가장 잘 알려진 죄의 정의는 요한 웨슬리가 말한 대로 "알려진 하나님의 율법에 대한 자발적인 범법"[4]일 것입니다. 죄는 알려진, 고의적인 어떤 것입니다. 즉, 우리가 알고 있는 어떤 것이 잘못된 것이지만 우리는 그것을 할 수 있기 때문에 잘못된 줄 알면서도 그것을 행합니다. 이것이 고의적인 불순종입니다.

요일 3:4에서 "죄를 짓는 자마다 불법을 행하나니 죄는 불법이라"고 했을 때, "당신이 법을 어겼다"고 말하는 것처럼 법적인 것만을 의미하는 것이 아니라, 법 위반의 배경에 있는 태도와 관련이 있습니다. 이해하는데 도움이 될 비유를 들어 보겠습니다. 제한 속도가 얼마인지 몰랐기 때문에 제한 속도를 초과하여 운전하는 것을 생각해 보겠습니다. 기술적으로는 여전히 법을 위반하고 있을 수 있지만 법률을 지키지 않는 행동을 한 것은 아닙니다. 이것은 "이 멍청한 속도 제한 규정은 잊어 버려! 이 놈의 규정은 나를 통제하려고 하네? 내 인생은 나의 것이니까 내가 하고 싶은 대로 하겠다"라고 말하는 사람과는 전혀 다릅니다. 불법은 법을 어기는 배후에 있는 반역의 태도, 즉 반항적인 정신입니다.

제 막내 딸은 어렸을 때 엄마 아빠가 주변에 없으면 언니와 오빠에게 대답해야만 하는 상황을 싫어했습니다. 제 아내와 제가 그들만 남겨 두었을 때 막내가 작지만 날카로운 목소리로 "너희들은 내 보스가 아냐!"라고 반항적으로 말했습니다. 어린아이의 순수함으로 말을 했지만 그것은 죄에 대한 마음의 태도, 즉 자기 주권입니다. 반역으로서의 죄는 전능하신 하나님의 면전에서 우리의 작은 주먹을 흔들면서 이렇게 외치는 것입니다. "당신은 나의 보스가 아닙니다! 내가 알아서 할 수 있기 때문에 내 방식대로 할 것입니다! 그 누구도, 하나님이라 할지라도, 나 외에는 아무도 내 인생에 상관을 하지 못하게 할 겁니다."

이것은 창조주와 함께 하는 피조물로서의 우리 역할을 받아들이기를

---

4. 웨슬리(Wesley), 요한 웨슬리 전집(The Works of John Wesley), vol. 12 (Kansas City, MO: Beacon Hill Press of Kansas City, 1978), 394. 야고보서 4:17을 보라.

거부하는 것입니다. 우리가 스스로 신이 되고자 하는 독립 선언입니다. 자기 주권의 이러한 태도를 성경 저자들은 이미 잘 알고 있었습니다. "우리는 다 양 같아서 그릇 행하여 각기 제 길로 갔거늘 여호와께서는 우리 모두의 죄악을 그에게 담당시키셨도다"(사 53:6). 죄는 반역입니다.

둘째, 죄는 또한 '노예화'입니다. 그것은 자기 주권 이상이며 우리 자신의 일을 하고 우리 자신의 길을 걸어가는 것입니다. 하마르티아(Hamartia)는 동사 하마르타노(hamartano)에서 파생된, 죄로 번역된 헬라어입니다.[5] 이는 "표적을 놓치다" 또는 "목표물을 쏘고 명중하지 못하다"를 의미합니다.

아리스토텔레스가 처음 사용했지만, 초기 교회 저자 그리고 사상가들은 이 죄의 측면을 설명하기 위해, 특히 고대 헬라시대 연극 주인공의 비참한 약점들(예 : 나쁜 판단, 무지, 인식 부족 등), 그리고 비극 작품에서 인용하여, 단어를 선택했습니다. 따라서 성경적으로 하마르티아(hamartia)는 과실(Commission)의 행위를 의미할 수 있습니다. "내가 그렇게 해서는 안된다는 것을 알았지만 어쨌거나 했어요"(롬 6:1-2 참조); 또는 태만(Omission)의 행위를 의미할 수 있습니다. "내가 해야만 할 일을 알고 있었지만 하지 않았어요"(롬 7:19; 약 4:17). 과실과 태만의 죄는 모두 표적을 놓칩니다.

사업을 하는 사람의 입장에서 설명을 해보겠습니다. 한편으로 나는 하나님께서 내 사업을 축복해주시기를 원하지만, 내 사업의 성공에 대한 보장도 받고 싶습니다. 따라서 나는 그것이 윤리적이거나 합법적이지 않다는 것을 알고 있지만 비밀리에 몇 가지 일을 시작합니다. 내 희망은 내 행동과 상충되며 양립할 수 없습니다. 내가 하나님의 도덕적 뜻을 벗어난 것을 알면서도 내 사업을 축복해 달라고 하나님께 구할 수 없습니다. 그것은 과실의 죄입니다. 그것은 내 사업이 한동안 잘 나갈 수 있게 하겠지만 하나님의 은총을 얻지 못할 것입니다. 같은 동전의 뒷면은, 하나님께서 나의

---

5. 윌리엄 바클레이(William Barclay), 마태복음 1권(The Gospel of Matthew, vol. 1)(Louisville, KY: Westminster John Knox Press, 1956), 253. 또한 리델(H. G. Liddell)의 현대성경주석: 리델과 스캇의 헬라어- 영어주석의 요약본(A Lexicon: Abridged from Liddell and Scott's Greek-English Lexicon)(Oak Harbor, WA: Logos Research Systems, Inc., 1996), 4.

사업을 성공적으로 이끄시기를 바라지만, 제 이익을 늘리기 위해 직원들에게 공정한 혜택과 이익을 분배하지 않기로 결정한다는 것입니다. 그것은 태만의 죄입니다. 그러니까 죄는 내가 해서는 안되는 일을 알면서도 어차피 행하는 것이고, 또는 내가 해야 할 일을 알면서도 하지 않는 것이며, 두 가지 모두 하나님 보시기에 동일합니다.

하마르티아(Hamartia)는 또한 훨씬 더 깊은 의미가 있습니다. 우리가 취하는 행동 이상으로 죄는 우리의 본성, 즉 우리 자신 안에 있는 상태입니다.[6] 우리는 죄에 휘말려 있습니다. 우리는 본질적으로 반역적일 뿐만 아니라 다르게 행할 수 있는 자유도 없습니다. 우리는 표적을 놓칠 뿐만 아니라 우리가 시도해도 표적을 맞출 수 없었습니다. 타락한 사람들로서 우리는 우리가 원하는 대로 할 자유가 없습니다. 우리는 죄에 사로 잡혀 있습니다.

우리는 종종 우리의 반항이 우리 밖에는 우리의 삶을 책임지는 사람이 없다는 것을 의미한다고 생각하지만, 우리가 오해하는 것은 우리가 그 선택을 할 수 없다는 것입니다. 우리는 누군가 또는 무언가를 섬길 것입니다. 우리는 온 마음을 다해 하나님을 섬기거나 우리의 열정과 죄된 행동의 노예가 될 것입니다. 둘 중 하나가 우리의 주인이 될 것입니다.

솔직해져 봅시다: 죄는 재미있을 수 있습니다. 재미있지 않았다면 유혹적이지 않을 것입니다. 즐겁지 않다면 매력적이지 않을 것입니다. 아마도 우리는 사람들에게 그들이 죄를 얼마나 미워하게 될 것이며 그것이 실제로 얼마나 지루한 지에 대해 말하는 것을 중단해야 할 것입니다. 설득력있는 주장이 아닙니다. 죄는 잠시 동안 재미있을 수 있습니다. 그러나 결국 죄가 항상 이끄는 길은 파괴적입니다. 죄의 결과(삯)는 상처받는 것입니다. 죄는 악순환입니다.

---

6. 웨슬리안-성결 전통의 사람들은 죄를 행위 이상의 것을 의미하는 것으로 이해한다. 수잔나 웨슬리(Susanna Wesley)가 1725년 6월 8일 아들 요한에게 보낸 편지의 내용은 유명하다. "다음의 규칙을 지키거라. 무엇이든지 너의 이성을 약화시키는것, 무엇이든지 너의 양심을 둔감하게 만드는 것, 무엇이든지 하나님에 대한 너의 감각을 흐리게 하는 것, 또는 영적인 즐거움을 벗어 버리게 하는 것, 요약하면, 너의 마음을 넘어서는 육신의 힘과 권세를 증가시키는 것, 즉 그 자체로는 죄가 안되더라도 그것이 너에게 죄가 되는 것이다."

파티를 열고 노는 것은 재미있을 수 있습니다. 그러나 그 결과는 그렇지 않습니다. 술 취함은 고통스럽습니다. 숙취는 고통스럽습니다. 알코올 중독은 고통스럽습니다. 다양한 중독은 고통스럽습니다. 중독치료 센터는 고통스럽습니다. 교통 사고는 고통스럽습니다. 배우자 학대는 고통스럽습니다. 역기능 가족은 고통스럽습니다. 죄는 고통스러운 파멸로 이어지는 악순환입니다.

누군가와 혼외 성관계를 갖는 것은 재미있을 수 있습니다. 그러나 그 결과가 이끄는 것은 그렇지 않습니다. 양심의 죄책감은 고통스럽습니다. 성병은 고통스럽습니다. 이혼은 고통스럽습니다. 누군가의 마음을 아프게 하는 것은 고통스럽습니다. 자녀의 눈을 보면서 이혼의 이유를 말하는 것은 고통스럽습니다. 죄는 고통스러운 파멸로 이어지는 악순환입니다.

예수님께서 말씀하신 탕자이야기는 죄의 순환의 대표적인 예로서 주목할 만 합니다(눅 15:11-24 참조). 반항적인 아들은 자신의 삶을 스스로 책임지고 싶다는 결심을 합니다. 그는 아버지에게 자신의 상속 재산을 미리 달라고 말하고(1세기에는 아버지가 죽었으면 좋겠다고 말한 것과 동일합니다.) 돈을 가져다가 모두 호화롭고 방탕한 생활에 소비합니다. 그는 한동안 그의 삶의 방식을 좋아했습니다. 그런데 점점 돈이 없어지고 그에 따라 친구들도 떠나갑니다. 아들은 자신이 그렇게 되리라고는 전혀 상상하지 못했던 처지에 놓이게 된 자신을 보게 됩니다. 즉, 깨어지고 망신스러운 상태에서 돼지 우리에 사는 것입니다. 죄는 고통스러운 파멸로 이어지는 악순환입니다.

아마도 이것이 "좁은 문으로 들어가라. 멸망으로 인도하는 문은 크고 그 길이 넓어 그리로 들어가는 자가 많고"(마 7:13)라고 예수님께서 말씀하신 의미일 것입니다.

여기에 우리 죄성과의 큰 몸부림이 있습니다. 즉, 우리의 본성이 변할 때까지 우리는 죄의 노예가 되어 그 능력에 붙잡혀 있기 때문에 하나님을 사랑하는 것보다 죄를 더 사랑하게 될 것입니다.[7] 좋은 의도나

---

7. 제프리 브로밀리(Geoffrey Bromiley)는 죄가 우리 삶을 지배할 수 있는 힘과 통제력이 있다는 것을 강조하기 위해 성경이 종종 죄를 "의인화"한다는 흥미로운 사실을

열심, 인본주의적 도덕주의는 우리를 완전히 해방시킬 수 없습니다. 죄는 노예화입니다.

　마지막으로, 죄는 분리입니다. "분리"라는 단어는 관계에서 무언가 잘못되었음을 나타내는 데 사용합니다. 죄는 단순히 규칙을 어기거나 법을 위반하는 것만이 아닙니다. 그것은 관계를 해치고 있습니다. 죄는 사람들을 하나님과 서로 분리시킵니다. 처음으로 기록된 죄의 행위에서 우리의 영적 조상인 아담과 하와는 하나님께 불순종했습니다. 그렇게 했을 때 그들은 하나님과 서로의 관계에 문제가 있다는 것을 즉시 알았습니다. 눈이 밝아지고 벌거벗었음을 깨달았습니다. 그것은 그들이 옷이 없다는 것을 깨달은 것 이상을 의미합니다. 그들은 부끄럽고 연약함을 느꼈습니다. 그들은 힘없는 소외감을 느꼈습니다. 노출된 느낌이었습니다. 그때까지 그들은 하나님의 사랑의 교제만을 알고 있었지만 죄를 짓는 순간 하나님과 분리된 느낌을 받았습니다. 소원함을 느꼈습니다. 교제관계는 깨졌고 그들의 영혼을 압박했습니다. 그들은 그들의 죄의 무게에 대한 죄책감을 느꼈습니다. 자신들의 행위를 변명하는 가운데 그들은 실상을 보여줍니다. 즉, 그들은 벌거벗은 모습을 가리고 하나님으로부터 숨으려고 했습니다. 여러분은 죄책감을 숨기거나 하나님으로부터 죄를 숨기려고 한 적이 있습니까?

　하나님은 교제가 끊어졌음을 아시고 다정한 목소리로 "네가 어디 있느냐?"라고 그들을 부르셨습니다(창 3:9). 자, 하나님은 그들이 어디에 있는지 정말로 몰랐을까요? 그들은 정말 하나님이 찾을 수 없도록 나무 뒤에 잘 숨어 있었습니까? 세 살짜리 아이와 숨바꼭질을 해본 적이 있습니까? 물론 하나님은 그들이 어디에 있는지 아셨습니다! 그럼에도 불구하고 하나님은 자신도 분리의 감정을 느꼈다는 것을 그들이 알기를 원했습니다.

　남자가 대답했습니다. "내가 동산에서 하나님의 소리를 듣고 내가 벗었으므로 두려워하여 숨었나이다"(3:10). 성경에 두려움이 언급된 것은

지적한다. 브로밀리(Bromiley), 신약성서 신학사전: 축약판(Theological Dictionary of the New Testament: Abridged in One Volume),(Grand Rapids: Eerdmans, 1985), 4.

이 구절이 처음입니다. 죄가 무엇을 하는지 보이십니까? 죄는 두려움과 죄책감과 수치심을 가져옵니다. 죄는 소외, 비난, 분리를 가져옵니다. 죄는 친구를 원수로 만듭니다. 죄는 친밀함을 적대감으로 바꿉니다. 죄는 교제를 깨뜨립니다.

이것이 우리의 숙제 입니다. 죄는 반역입니다. 죄는 노예화입니다. 죄는 분리입니다. 이 모든 것을 어떻게 다시 바로 잡을 수 있을까요? 이 모든 죄를 어떻게 해야 합니까?

우리가 들을 수 있는 가장 위대한 소식을 다시 한 번 상기토록 하겠습니다. "내가 받은 것을 먼저 너희에게 전하였노니 이는 성경대로 그리스도께서 우리 죄를 위하여 죽으시고 장사 지낸 바 되셨다가 성경대로 사흘 만에 다시 살아나사"(고전 15:3-4). 이것은 최고의, 자신을 내어 주는 사랑입니다. "우리가 아직 죄인 되었을 때에 그리스도께서 우리를 위하여 죽으심으로 하나님께서 우리에 대한 자기의 사랑을 확증하셨느니라"(롬 5:8). 우리가 여전히 죄를 짓고 있는 동안 그리스도는 그래도 죽으셨습니다. "하나님이 죄를 알지도 못하신 이를 우리를 대신하여 죄로 삼으신 것은 우리로 하여금 그 안에서 하나님의 의가 되게 하려 하심이라"(고후 5:21). 이것이 구원하시는 은혜입니다.

종교 개혁가인 마틴 루터는 이것을 "위대한 교환"이라고 불렀습니다. 우리의 죽음을 그의 생명으로, 우리의 죄를 그의 의로움으로, 우리의 저주를 그의 구원으로, 우리의 실패를 그의 성공으로, 우리의 패배를 그의 승리로 교환한 것입니다. 속죄는 우리의 반역과 죄가 우리 사이에 세운 모든 장벽을 무너뜨리는 삼위일체적 하나님의 행위입니다. "사랑은 여기 있으니 우리가 하나님을 사랑한 것이 아니요 하나님이 우리를 사랑하사 우리 죄를 속하기 위하여 화목 제물로 그 아들을 보내셨음이라"(요일 4:10).

이것은 무엇을 의미합니까? 속죄는 항상 하나님의 마음 속에 있었습니다. 모든 어린 양, 모든 제사장, 그리고 성전의 모든 희생은 우리의 대제사장이 되시고 우리 죄를 용서하기 위해 자신의 피를 흘리신 예수님을 가리키고 있으며 그에게로 우리를 이끌어 가고 있었습니다.

라이트(NT Wright)는 다음과 같이 잘 표현합니다. "신약성경 전체를 통해 이 죽음은 예수 자신의 사랑(갈 2:20)과 그를 보내시고 육체를 통해 자신을 나타낸 하나님의 사랑, 이 두 사랑의 행위로 간주된다(요 3:16, 13:1, 롬 5:6 ~ 11, 8:31~39, 요일 4:9~10)."[8] 우리 스스로가 결코 할 수 없는 일을 행하시기 위해 성부 하나님께서 성령의 능력으로 성자 그리스도를 우리를 위해 보내셨습니다.

예수님은 우리의 과거, 현재, 미래의 죄를 없애십니다. 하나님은 그것들을 더 이상 기억하지 않으십니다. "동이 서에서 먼 것 같이 우리의 죄과를 우리에게서 멀리 옮기셨으며"(시 103:12). 십자가 위에서의 예수님의 죽음은 우리 삶에서 죄의 능력을 깨뜨립니다. 한때 우리는 속박과 "공중의 권세잡은 자"(엡 2:2)와 "이 세상의 신"(고후 4:4)을 따라 죄의 노예가 되었습니다.[9] 십자가에서의 죽음을 통해 예수님은 마귀의 세력과의 사투에 들어가 단번에 최종적으로 그들을 이겼습니다. 그는 죽음, 지옥, 무덤의 능력을 깨뜨렸습니다. 십자가에서의 그리스도의 승리로 우리는 더 이상 죄의 손아귀에 있지 않습니다. 우리는 은혜의 손에 붙들려 있으며 잠재적으로 해방됩니다(이에 대한 자세한 내용은 4장에 나오는 성결케 하시는 은혜를 참조하십시오.).

예수님의 속죄로 인해 우리는 하나님과 화해했습니다. 분리는 사라졌습니다. 우리 사이의 거리가 가까와졌습니다. 간격이 없어졌습니다.

---

8. N.T. 라이트(N.T. Write), 악의 문제와 하나님의 정의(Evil and the Justice of God) (Downers Grove, IL: InterVarsity Press, 2006), 9

9. 십자가에서 예수님이 악의 세력을 이기셨다는 믿음을 속죄에 대한 그리스도의 승리(Christus victor) 이론이라고 한다. 라이트(NT Wright)는 다음과 같이 말한다. "나는 십자가의 다른 모든 다양한 의미에서 발견되는 속죄 신학의 중심 주제를 악과 어둠의 모든 세력에 대한 예수 그리스도의 승리인 Christus victor로 보는 경향이 있다." 라이트(Wright), Evil and the Justice of God, 114. 반대로 플레밍 러틀리지(Fleming Rutledge)는 모든 성경적 주제의 속죄가 함께 작용하여 십자가의 깊이와 신비를 이해하기 위한 아름다운 전체를 형성한다고 강력히 주장한다. "십자가에 못 박힌 그리스도의 복음을 받아들이는 가장 진정한 방법은 성경적 모티브가 서로 상호 작용하고 서로를 확대하는 방식에 대한 깊은 인식을 키우는 것이다. 어떤 이미지도 전체를 정의할 수 없다. 모두가 위대한 구원의 드라마의 일부이다." 러틀리지(Rutledge), 십자가에 못박히심: 예수 그리스도의 죽음 이해)(The Crucifixion: Understanding the Death of Jesus Christ), (Grand Rapids: Eerdmans, 2015), 6-7.

예수님은 중간에 막한 담을 허무신 우리의 화평이십니다(엡 2:14). 성전의 휘장이 둘로 찢어졌습니다(마 27:51). 죄책감과 수치심, 처벌에 대한 두려움이 사라졌습니다. 하나님과의 교제가 회복되었습니다. "이제는 전에 멀리 있던 너희가 그리스도 예수 안에서 그리스도의 피로 가까워졌느니라"(엡 2:13). 이것이 구원하시는 은혜입니다. 하나님께서 당신을 얼마나 사랑하시는지 아십니까? 아버지께서는 아들을 통해 우리의 죄와 죄책감을 자신의 마음으로 가져가셨습니다. 우리의 죄가 많고 끔찍하지만, 그 중에서도 다른 신들을 추구하는 우리 마음의 우상 숭배는 그 죄가 작지 않지만, 우리의 삼위일체 하나님이 우리를 구속하시고 우리를 새로운 창조물로 만드시고 우리를 그의 가족으로 입양해 주십니다. 그렇기 때문에 용서는 경박한 문제가 아닙니다! "물론 하나님이 나를 용서해 주실 거야. 그게 하나님이 하시는 일 아냐?"라고 말하는 사람은 당신의 마음을 찔렀던 사람의 죄를 짊어진 것과 관계된 깊은 고통을 결코 이해하지 못한 것입니다. 십자가는 영원 전부터 하나님의 마음에 있었습니다. 아버지 하나님은 그의 독생자 예수 그리스도 안에서 성령으로 구원의 길을 열어 주셨습니다. 예수님은 아버지의 목적에 온전히 참여하셨습니다. 그는 우리를 위해 기꺼이 목숨을 내놓았습니다. 죄 많은 자들을 위한 죄 없는 자, 죄인을 위한 무고한 자, 흠없는 하나님의 어린 양은 우리가 살아야 할 삶을 살기 위해 오셨고 우리가 죽어야 할 죽음을 맞이했습니다.

　　예수님의 삶과 죽음과 부활은 모든 것을 새롭게 합니다. 이 진리보다 더 중요한 것은 없습니다. 인류 역사의 핵심이자 우리 신앙의 기초입니다. 예수님 없이는 죄의 용서, 영상. 선하시고 거룩하시고 사랑많으신 하나님과의 관계가 없습니다. 당신은 당신의 죄를 후회하며 평생 스스로를 책망할 수 있습니다. 당신은 하나님과 평화를 이루기 위해 마음을 찢을 수 있지만 완전한 구속과 지속적인 평안을 경험할 수 있는 유일한 방법은 당신의 유일한 희망이 예수님이라는 것을 깨달을 때입니다.

　　우리는 하나님을 믿음으로써 구원하시는 은혜의 선물을 받습니다. 우리는 하나님의 자비에 자신을 던지고 오직 그리스도만을 믿습니다.

우리는 십자가에서 이기신 그의 승리를 신뢰합니다. 우리는 우리의 죄책감이 없어졌다고 믿습니다. 우리는 죄의 사망의 손아귀가 깨어졌다고 믿습니다. 우리의 양심이 깨끗해졌습니다. 우리는 속죄를 받음으로 하나님과 하나가 됩니다.

속죄를 보는 두가지 방법이 있습니다. "하나님이 사랑이라면 왜 우리에게 속죄가 필요합니까?"라고 말할 수 있습니다. 다른 한편으로 "하나님이 우리 죄를 속죄하셨습니다. 얼마나 큰 사랑인가!"라고 말할 수 있습니다.

구원의 은혜가 작동하는 방법

그리스도인은 격변적인 변화를 겪은 사람이라고 바울은 말합니다. 엡 2:1-10은 극적인 변화를 설명합니다. 즉, 누군가가 그리스도를 믿고 구원받을 때 일어나는, 죄 안에서의 속박으로부터 그리스도 안에서의 자유로의 극적인 변화입니다. 죽음에서 삶으로, 노예에서 자유로, 비난에서 수용으로, 소외감에서 받아들여짐을 경험한 사람입니다. 이제 8~10절에서 바울은 우리가 어떻게 그곳에서 이곳으로, 즉 우리가 어떻게 실제로 그리스도인이 되는지를 말합니다. 그것은 세 부분으로 이루어진 유기적 인 과정입니다: 우리는 은혜로 구원을 받고, 믿음으로 이어져 선한 일을 행하게 됩니다. 그것이 방정식이고 순서가 중요합니다. 순서가 잘못되면 모든 것이 잘못됩니다.

우리는 은혜로 구원받았습니다. 우리는 이 책 1장에서 은혜의 의미를 광범위하게 살펴 보았습니다. 은혜는 항상 시작이라는 것을 상기하는 것이 좋습니다. 은혜는 항상 먼저입니다. 은혜는 우리를 깨우고 변화시키며 우리를 하나님 및 서로와의 올바른 관계로 인도합니다. 많은 사람들은 자신이 한 일 때문에 스스로 그리스도인이라고 생각합니다. 그들은 자신이 해야 할 모든 것이 좋은 사람이 되고 성경의 가르침을 따르는 것이라고 생각합니다. 그러면 하나님께서 그들을 축복하실 것이라고 생각합니다. 그러나 그것은 은혜가 아니라 도덕주의입니다. 우리가 할 수 있는 일에 소망을 두는 것은 복음이 아닙니다. 구원은 우리가 행하는 것에 있지 않습니다. 그것은 모두 하나님이 하시는 일입니다. 우리의 깨어남, 우리의 살아있음은 모두 하나님께서 하시는 일입니다. 우리는 하나님을 위해 하는 일로 구원을 받지 못합니다. 우리는 하나님이 우리를 위해 하시는 일에 의해 구원을 받습니다. 이것은 완전한 선물입니다.

기말 고사를 준비하던 신학생 이야기를 누군가에게 전해 들었습니다. 그녀가 교실에 도착했을 때 모두가 벼락치기 공부를 하고 있었습니다. 교수님이 교실에 들어와서 말하기를 시험을 치르기 전에 간단히 복습을 할 것이라고 했습니다. 복습한 내용의 대부분은 예상문제에서 직접 나오기도 했지만 아무도 준비하지 않은 많은 추가 자료가 있었습니다. 모두들 당황하였고 누군가가 교수님에게 예상문제 이외의 추가 자료에 대해 물었을 때, 그는 모든 것이 그들의 필독도서에 포함되어 있으며 따라서 그 내용을 알아야 하는 것이 당연하다고 설명했습니다. 맞는 논리이기에 논쟁하기가 어려웠습니다.

드디어 시험을 치를 시간이 되었습니다. 교수는 "모든 사람이 시험지를 받을 때까지 받은 시험지를 책상 위에 뒤집어 놓도록 하세요. 언제 시작해야 하는지 알려 줄게요"라고 했습니다. 학생들이 시험을 치르기 위해 시험지를 똑바로 넘겼을 때 놀랍게도 시험 문제의 모든 답은 이미 채워져 있었습니다. 그들의 이름조차도 맨 위에 빨간 잉크로 쓰여졌습니다. 마지막 페이지 하단에 이런 글이 남겨져 있었습니다. "이것이 시험의 끝입니다. 모두 정답입니다. 당신은 A학점을 받게 됩니다. 시험에 합격한 이유는 시험문제 작성자가 대신 시험을 치렀기 때문입니다. 당신이 했던 모든 준비는 A학점을 얻는 데 도움이 되지 않았습니다. 당신은 방금 은혜를 경험했습니다."

팀 켈러(Tim Keller)는 가끔 자신이 목회하는 교회에 참석하는 연로한 여성과의 대화 이야기를 들려줬습니다. 그녀는 고지식했습니다. 어떤 사람들은 아마도 품위있고 도덕적이라고 말할 수도 있습니다. 그녀는 작은 욕설과 같은 부적절함이나 무분별함은 경멸했고 자신이나 다른 사람들에게서 그것을 용납하지 않았지만 그럼에도 불구하고 좋은 사람이라면 그 어떤 것으로부터 구원받을 필요가 없다고 믿었습니다. 켈러가 그녀와 대화를 나누는 동안 그녀는 믿지 못하겠다는 투로 말했습니다. "자, 분명히 짚고 넘어가겠습니다. 내가 정말 훌륭하고 품위있는 삶을 살면서 교회에 다닌다 할지라도 내가 그리스도를 내 구주로 영접하지 않는다면 살인을 저지른 사람보다 나을 수 없다고 말씀하시는 거예요? 그게 목사님이 말씀하는 얘기지요?"

켈러는 "기본적으로 맞습니다"라고 대답했습니다.

그녀는 "그건 내가 들어 본 종교 중 가장 멍청한 종교예요!"라고 반박했습니다.

켈러는 이에 대해 "글쎄요, 당신은 그것이 당신이 들어 본 것 중 가장 어리석은 종교라고 생각할 수도 있지만, 회개하는 그 살인자에게는 그가 들어 본 것 중 가장 위대한 것이겠지요. 그 살인자는 자기와 같은 사람에게 희망을 주는 종교가 있다는 것을 믿을 수 없을 겁니다."

이 이야기는 다소 극단적이지만 중요한 점이 있습니다. 자신이 대부분의 사람들보다 낫다는 것을 절대적으로 확신하고, 복음의 본질이 어리석은 것이 아니라면 모욕적이라고 생각하는 그 잘나가고 예의바르고 도덕적인 여성은 "육체"의 손아귀에 있는 것입니다.[10] 그녀는 품위있고 단정해지려고 노력하고 있지만, 구원을 위해 그리스도를 신뢰하지 않고 별도로 그것을 하려고 노력하고 있습니다. 그것은 스스로 옳다고 여기는, 독선의 함정입니다. 이 큰 위험을 인식한 디트리히 본회퍼(Dietrich Bonhoeffer)는 은혜로 받아들여진 그리스도인의 태도를 거장답게 잘 설명합니다. "그리스도인은 더 이상 자신의 구원, 해방, 의로움을 자신 안에서가 아닌, 오직 예수 그리스도 안에서만 추구하는 사람이다. 그들은 죄책감이 전혀 느껴지지 않을 때에도 예수 그리스도 안에 있는 하나님의 말씀이 그들에게 죄가 있다고 선언하는 것을 알고, 자신의 의가 전혀 느껴지지 않을 때에도 예수 그리스도 안에 있는 하나님의 말씀이 해방되었고 의로워졌다고 선언하는 것을 안다."[11]

---

10. "육체"에 관한 더 깊은 설명은 4장의 "성결케 하시는 은혜"를 참고하라.
11. 디트리히 본회퍼(Dietrich Bonhoeffer), 더불어 사는 삶(Life Together), (New York: HarperCollins Publishers, 1954), 21-22.

하나님께서 우리를 받아들이시는 것이 우리가 한 일이나 앞으로 할 일에 근거하지 않는다는 것을 이해하기 전까지는 복음을 이해하지 못합니다. 예수님을 세상에 보내고, 세상의 죄를 위해 죽고, 우리의 구원을 위해 부활하는 것은 하나님의 본성과 성품에 철저하게 근거합니다.

우리는 은혜로 구원받았습니다. 그 다음에 바울은 은혜가 믿음으로 이끈다고 말합니다. 믿음이란 무엇입니까? 믿음은 본질적으로 우리를 깨닫게 하신 분에 대한 인식과 반응입니다.[12] 여기에 이해해야 할 중요한 것이 있습니다. 즉, 우리를 구원하는 믿음은 그리스도를 믿는 믿음입니다. 기독교 신앙은 어떤 원칙들에 대한 일반적인 믿음이 아닙니다. 하나님께서 육신을 입으셨고, 정말로 십자가에서 죽으셨고, 정말로 죽은 자 가운데서 살아나신 이가 정말로 지구상에서 아기로 태어났다고 믿는 것입니다. 바울은 이 점에 대해 단호했습니다. "그리스도께서 만일 다시 살아나지 못하셨으면 우리가 전파하는 것도 헛것이요 또 너희 믿음도 헛 것이며… 그리스도께서 다시 살아나신 일이 없으면 너희의 믿음도 헛되고 너희가 여전히 죄 가운데 있을 것이요"(고전 15:14, 17). 예수님이 우리의 죄를 위해 정말로 죽지 않았고, 정말로 죽은 자 가운데서 살아나지 않았다면, 우리의 믿음은 희망사항 또는 도덕주의적 치료 이신론에 지나지 않습니다.[13] 일반론적인 믿음은 무의미합니다.

바울이 오늘 살아 있었다면 아마도 이렇게 말할 수 있을 것입니다. "예수가 자신이 말한 그 사람이 아니라면, 그가 인간이 된 하나님의 아들이 아니라면, 그가 우리의 구원을 위해 십자가에서 정말로 죽지 않았다면, 죽은 자 가운데서 육체적으로 다시 살아 나지 않았다면, 그가 정말로 하늘로

---

12. 나는 이 정의에 대해 Tim Keller의 설교에 빛을 졌지만 그것이 어떤 제목의 설교였는지 기억할 수 없다.

13. "도덕적 치료 이신론"은 크리스쳔 스미스(Christian Smith)와 멜린다 룬드퀴스트 덴튼(Melinda Lundquist Denton)이 21세기 초 미국 청소년들을 묘사하기 위해 소개한 문구이며, 포스트 모던 사람들이 하나님에 대해 어떻게 생각하는지에 대한 결과적인 문화적 틀을 설명한다. 스미스와 덴튼(Smith and Denton), 자아성찰: 미국 십대들의 종교적, 영적 삶(Soul Searching: The Religious and Spiritual Lives of American Teenagers), (New York: Oxford University Press, 2005).

오르지 않았고 아버지 하나님 우편에 앉아 있지 않았다면, 교회놀이를 그만둡시다." 그 어떤 원리도 그 자체로는 의미가 없습니다. 믿음에 대한 믿음? 일반적인 믿음? 아니요. 진리에 대한, 사랑에 대한, 정의에 대한 믿음이 우리를 변화시키거나 새 생명을 주지 않기 때문입니다. 그것은 예수님에 대한 믿음입니다. 우리는 우리의 행위, 선함 또는 원리에 의해 구원을 받지 못합니다. 우리는 오직 그리스도 때문에 구원을 받았습니다. 그분이 우리의 유일한 희망이기 때문에 그분을 믿는 것이 중요합니다.

그러면 믿음은 선행을 낳습니다. 선행은 우리를 구원하지 않습니다. 어림도 없습니다. 그럼에도 불구하고 선한 일은 우리의 믿음에서 흘러나옵니다. 우리 삶이 변하지 않는다면 하나님의 은혜를 받았으며 참된 성경적 믿음이 있다고 말하기는 불가능합니다. 성경은 이 점에서 실제적입니다. 우리는 은혜로 구원을 받았지만 우리의 구체적인 품성과 기존의 행동에서 실제로 일어나고 있는 무엇인가가 없다면 그것은 진정한 믿음이 아닙니다. 은혜는 믿음으로 이어지고 믿음은 선행으로 이어지기 때문입니다. "우리는 그가 만드신 바라. 그리스도 예수 안에서 선한 일을 위하여 지으심을 받은 자니 이 일은 하나님이 전에 예비하사 우리로 그 가운데서 행하게 하려 하심이니라"(엡 2:10).

그리스도인은 하나님의 작품입니다. 포이에마(Poiema)는 "그가 우리를 만든 것" 또는 "수작업"을 뜻하는 헬라어입니다. 이 단어는 영어 단어 "시(poem)"의 어원입니다. 그리스도인은 하나님의 독특한 시, 즉 하나님의 예술 작품입니다. 예술은 아름답고, 예술은 소중하며, 예술은 예술가의 내면을 표현하는 것입니다. 바울이 그리스도인이 하나님의 작품이라고 말하는 것은 무엇을 의미합니까? 그리스도 안에서 우리는 아름답고 가치있는 것으로 인식되며 거룩한 예술가이신 창조주를 표현하는 작품으로 창조되었다는 것입니다.

그럼에도 불구하고 우리는 죄로 인해 손상되고 훼손된 예술 작품입니다. 훼손된 걸작, 대가의 걸작이 훼손된 것을 본 적이 있습니까? 어떤 면에서, 그 걸작이 가지고 있는 원래의 아름다움이 클수록 망가진 것을 보는 것을 훨씬 더 큰 비극으로 만듭니다. 아이가 크레파스로 주방 찬장에 뭔가를 그린다면 굉장히 안좋습니다. 하지만 레오나르도 다빈치의 모나리자 위에 스프레이 페인트로 낙서를 하던 그게 훨씬 더 안좋습니다. 훼손된 것의 위대함과 희소성이 우리의 반응에서 나오는 비극의 수준과 공포의 수준을 결정합니다.

몇 년 전에 나는 로마를 방문할 기회가 있었습니다. 나는 성 베드로 대성당에서 피에타 상을 보고 싶었습니다. 내가 알고 있는 대리석 한 조각 (미켈란젤로가 개인적으로 서명한 것으로 알려진 유일한 조각)을 직접 보면서 알아 보고 싶었습니다. 나는 그 피에타 상이 관람객으로부터 적절한 거리를 두고 있고, 줄로 차단되고, 방탄 판넬로 보호되어 있다는 사실에 실망했습니다. 이러한 대비 조치가 필요한 이유가 무엇입니까? 1972년 성령강림주일에 예수라고 주장하는 정신 장애 지질학자가 망치로 그 조각품을 가격했기 때문입니다. 관람객들은 날아간 많은 대리석 조각들을 주워 모았습니다. 일부는 반환되었지만 마리아의 코를 포함한 일부는 반환되지 않았습니다. 나중에 그 동상의 등부분에서 잘라낸 대리석 부분으로 재건되었습니다. 이탈리아 국민들과 세계 예술계는 엄청난 충격을 받았습니다. 어떻게 원래의 아름다움으로 복원될 수 있었을까요? 그들은 전세계에서 복원을 전문으로 하는 장인을 찾아 나섰습니다. 많은 시간, 기술, 지식을 투여하고, 수고한 후에 복원 프로젝트가 완료되었습니다. 그것이 손상되었었다는 사실을 아는 사람은 거의 없습니다.[14]

그것이 하나님께서 은혜로 구원하시는 모든 사람을 위해 하시는 일입니다. 우리는 그의 걸작, 그의 사랑하는 최고작이며, 그는 우리를 죄로 인해 망가진

---

14. 뉴욕 타임즈의 기사는 비계를 올라 복원된 조각품을 면밀히 조사할 수 있도록 허용된 언론인 그룹의 설명을 자세히 묘사한다. "손상된 머리수건(veil), 눈, 코, 팔, 손의 복원은 정밀 검사에서만 볼 수 있는 작은 선을 제외하고는 결함이 없는 것처럼 보였다. 수리된 부분의 색상과 조각의 주변 대리석 표면에는 눈에 띄는 차이가 없었다. 데오클레시오 데 캄포스 (Deoclecio Redig de Campos)는 '우리는 치과 의사처럼 일했다'라고 말했다." 폴 호프만 (Paul Hoffman), "복원된 피에타: 거의 완벽한 상태(Restored Pieta Show; Condition Near Perfect)" New York Times, January 5, 1973, https://www.nytimes.com/1973/01/05/archives/restored-pieta-shown-condition-near-perfect-marks-on-marys-cheek.htm

채로 내버려 두지 않으십니다. 우리의 가치를 증명하기 위해 하나님께서는 우리를 예수 그리스도의 형상으로 개조하실 뿐만 아니라 세상에서 해야 할 일을 주십니다. 하나님께서 우리를 고치셨기 때문에 우리는 이 일을 합니다. 우리가 이것을 우리의 뼈 속 깊이 알 때, 그것을 정말로 이해할 때, 우리는 우리의 선행이 우리를 구원한다고 결코 다시는 말할 수 없습니다. 도덕주의는 더 이상 우리의 최선의 답이 될 수 없습니다. 우리의 선행은 하나님께서 우리 안에서 행하신 일의 부산물입니다. 그 선행들은 우리의 영광이 아니라 하나님의 영광을 반영합니다.

나는 유진 피터슨(Eugene Peterson)이 바울의 은혜 방정식을 자신의 말로 바꾸어서 설명한 그 통찰력에 감사할 따름입니다.

> 지금도 하나님께서는 우리를 그분이 원하시는 곳에 두시고 이 세상에서나 저 세상에서나 그리스도 예수 안에서 은혜와 사랑을 쉼없이 우리에게 쏟아 부어 주신다. 구원은 전적으로 하나님께서 생각해 내신 일이고 전적으로 그분이 하신 일이다. 우리가 할 일은 다만 하나님께서 그 일을 행하시도록 그분을 신뢰하는 것이다. 구원은 처음부터 끝까지 하나님의 선물이다. 주인공 역할은 우리 몫이 아니다. 우리가 주인공 역할을 했다면 우리는 모든 일에 우리가 했다고 떠벌리며 돌아 다녔을 것이다. 하지만 그렇지 않다. 우리는 우리 자신을 만들 수도 구원할 수도 없다. 만들고 구원하는 일은 하나님이 하시는 일이다. 하나님은 그리스도 예수를 통해 우리 각 사람을 지으셨다. 그렇게 하신 것은 그분께서 하는 일, 곧 우리를 위해 마련해 놓으신 선한 일, 우리가 해야 할 그 일에 우리를 참여시키려는 것이다.[15]

그리스도 안에서 하나님은 우리를 정죄와 심판과 지옥에서 구해 주십니다.

그리스도 안에서 하나님은 우리를 구속하시고, 우리는 완전히

---

15. 유진 피터슨(Peterson, Eugene). 메시지, 에베소서 2:7-10(The Message, Ephesians 2.7–10.)

화해되었습니다.

그리스도 안에서 하나님은 우리를 의롭게 하시고 잘못된 것을 바로잡으십니다.

그리스도 안에서 하나님은 우리를 새롭게 하시고, 우리는 거듭났습니다.

그리스도 안에서 하나님은 우리를 그의 가족으로 입양하십니다.

교리에 믿음을 두었기 때문에 구원받는 것이 아닙니다. 우리의 올바른 믿음으로 구원받지 못합니다. 우리는 외부로부터 누군가가 우리 안으로 들어 왔기 때문에 구원을 받았습니다. 우리는 완전히 새로워졌기에 복음서 저자들이 그것을 설명할 수 있는 가장 좋은 방법은 그것을 새로 태어난 것과 비교하는 것입니다. 히브리 저자들은 그것을 깊은 구덩이에서 건져지는 경험으로 묘사했습니다. 우리는 노예 상태였고 지금은 자유로워졌습니다. 우리는 더 이상 두려움의 노예가 아닙니다. 우리는 하나님의 자녀가 되었습니다. 전에는 우리가 하나님의 가족이 아니었으나 이제는 하나님 가족의 혈연 구성원입니다. 우리는 아버지 앞에서 의롭다 함을 받았는데, 이는 모든 것이 바로잡혔음을 의미합니다.

구원은 우리 안에서가 아니라 외부에서 온다는 것을 결코 잊지 마십시오. 우리는 선하기 때문에 구원받은 것이 아닙니다. 하나님이 선하시기 때문에 구원을 받았습니다. 그것이 바로 구원입니다. 하나님은 우리 자신을 위해 스스로 할 수 없는 일을 행하십니다. 이것이 구원하시는 은혜입니다.

이제 우리는 그리스도 안에서 새로워진 생명의 걸작품이, 거룩케 하시는 은혜의 선물에 의해 온전히 될 수 있는 것이 무엇인지로 넘어갑니다.

▲■●
생명

성결케 하시는 은혜를 통해 성령께서는 우리가 하나님께 온전히 봉헌된 삶을 살 수 있도록 힘을 주신다.

지속케 하시는 은혜를 통해 성령께서는 우리와 협력하여 하나님을 섬기면서 충실하고 훈련된 삶을 살 수 있도록 하신다.

충분한 은혜를 통해 하나님의 능력은 우리가 약할 때 완전해진다.

4
우리를 성결케 하시는 은혜

> 평강의 하나님이 친히 너희를 온전히 거룩하게 하시고
> 또 너희의 온 영과 혼과 몸이 우리 주 예수 그리스도께서
> 강림하실 때에 흠 없게 보전되기를 원하노라.
> 너희를 부르시는 이는 미쁘시니 그가 또한 이루시리라.
> (살전 5:23-24)

요한 웨슬리에 의하면 성경에서 발견되는 4가지 중요한 교리는 원죄, 믿음에 의한 칭의, 신생(거듭남), 그리고 내적, 외적 거룩함입니다.

칭의는 종교 개혁의 주요 주제였으며, 웨슬리보다 거의 이백 년을 앞섰습니다. 마틴 루터를 비롯한 개혁자들은 우리가 오직 믿음으로 의롭게 된다고 선언했습니다.[1] 웨슬리는 칭의의 필요성을 전적으로 인정했지만 성경상 중요한 교리 목록에 신생을 추가함으로써 십자가와 부활이 우리 죄의 죄책감과 우리를 죄짓도록 만드는 핵심 문제를 결정적으로 다루고 있다는 중요한 생각을 전하고 있었습니다. 그러므로 웨슬리에게 있어서 신생은 거룩한 삶의 시작, 즉 으리가 "성화"라고 부르는 것입니다.

지난 장에서 우리는 죄의 본질과 죄가 우리 세상과 우리 삶에 미치는 해로운 영향에 대해 논의했습니다. 그런데 죄의 기원은 무엇입니까? 우리

---

1. 칭의는 십자가에서 예수의 죽음에 의한 속죄의 희생으로 말미암아 우리의 죄를 용서받고 죄책감이 제거되는, 하나님의 은혜로 인해 의롭게 되는 것이다. 3장, "구원하시는 은혜"를 참조하라..

마음 속에 있는 죄의 근원은 무엇입니까?

성경은 죄가 우리의 타고난 본성에서 비롯되었다고 말합니다. "전에는 우리도 다 그 가운데서 우리 육체의 욕심을 따라 지내며 **육체와** 마음의 원하는 것을 하여 다른 이들과 같이 **본질상** 진노의 자녀이었더니"(엡 2:3 강조체 추가). 이 구절에는 많이 오해되고 있으며, 더 큰 이해를 위해 풀어야 하는 두 가지 핵심 문구가 있습니다

본질상

신약성경 안에 그가 쓴 모든 편지에서 바울이 명확히 가르치는 것은 인간이 불순종하고 죄 많은 본성을 가지고 태어났다는 것입니다(롬 7:18, 35; 엡 2:1-3; 골 3:5). 우리는 죄를 배우지 않습니다. 아무도 우리에게 죄를 지으라고 가르치지 않습니다. 대학에는 "죄짓는 법 101"이라는 과목이 없습니다. 그것은 자연스럽고 우리는 그것을 잘합니다. 그러나 인간이 죄의 본성을 갖고 태어났다는 생각은 오늘날 대중적인 견해가 아니며, 이전부터도 계속 그랬습니다.

4세기에 태어난 펠라기우스(Pelagius)는 나중에 로마 시민이 된 아일랜드 수도사였습니다. 그는 사람들이 죄성을 지니는 것이 아니라 어린 시절에 설정된 나쁜 본을 통해 아이들이 죄를 짓는 법을 배운다고 가르쳤습니다. 펠라기우스는 우리가 중립적인 성향을 가지고 태어났으며 아이들은 대부분 본보기에 의해 좋거나 나쁘게 성장한다고 주장했습니다. 그러므로 펠라기우스에 따르면 죄는 의지의 의도적인 행위이며 최선의 노력을 다하면 죄에서 벗어나 아주 좋은 삶을 살 수 있습니다.

펠라기우스는 서구 교회 역사상 가장 영향력있는 기독교 사상가 중 한 명으로 여겨지는, 또 다른 저명한 신학자인 히포의 어거스틴(Augustine of Hippo) 시대에 살았습니다. 북아프리카 주교였던 어거스틴은 우리의 첫 번째 영적 부모로부터 물려받은 원죄의 존재와 그것이 우리의 영적 성장을 약화시키는 영향에 대해 광범위하게 썼습니다.

어거스틴은 펠라기우스의 견해가 성경과 상식 모두에 위배된다고

강력하게 주장했으며, 펠라기우스를 이단으로 규정하여 교회에서 쫓아내는 데 중요한 역할을 했습니다. 4세기 이래로 교회에서 이단적인 가르침으로 낙인 찍혔지만, 펠라기우스주의는 오늘날 여전히 교회에 남아 있습니다.

뉴욕시를 여행하던 중 아내와 저는 브로드웨이 쇼인 "위키드(Wicked)"를 관람했습니다. 이 공연은 오즈의 마법사(The Wizard of Oz)에 나오는 서부의 사악한 마녀 엘파바(Elpahba)와 착한 마녀 글린다(Glinda)와의 우정에 대해 이야기합니다. 이 이야기는 각 여성이 자신의 정체성을 찾기 위해 고군분투하지만 결국 엘파바는 사악한 사람이 되고 글린다는 선한 사람이 되기로 선택하는 과정을 설명합니다. 이 모든 선택은 삶의 환경 때문입니다. 엘파바는 그녀에게 나쁜 일이 일어나게 되어 악해집니다. 글린다는 일이 잘되어서 선해집니다. 허구적인 뮤지컬이지만 수많은 현대인들이 죄에 대해 그렇게 생각하는 경향이 있습니다.

그러나 예수님께서는 동의하지 않으십니다. "입에서 나오는 것들은 마음에서 나오나니 이것이야말로 사람을 더럽게 하느니라. 마음에서 나오는 것은 악한 생각과 살인과 간음과 음란과 도둑질과 거짓 증언과 비방이니"(마 15.18-19). 더럽히는 근원은 마음입니다. 죄는 마음에서 옵니다.

아장아장 걷는 어린 아이를 보십시오. 그들은 왜 그렇게 행동합니까? 왜 이기적입니까? 자기 방식대로 일이 진행 안될 때 왜 떼를 씁니까? 양육이 잘못되었기에 죄인이 아닙니다. 아기들은 보고 듣는 것이 그 정도까지 영향을 미칠만큼 오래 살지 않았습니다. 죄는 마음에서 나오기 때문에 아이는 죄인입니다. 이기적이 되도록 가르칠 필요가 없습니다. 그들은 자연스럽게 이기적이 됩니다. 겉으로 드러난 죄는 이미 사람 안에 있는 것을 표현한 것입니다. 다윗은 이것을 고백했습니다. "내가 죄악 중에서 출생하였음이여 어머니가 죄 중에서 나를 잉태하였나이다"(시 51:5). 이것이 원죄의 실증적 사실입니다.

이것은 신학적으로 어떻게 설명될 수 있겠습니까? 모든 사람은 하나님의 형상대로 창조되었으며 하나님은 거룩하고 선하십니다. 원래 창조된 대로 인간 안에는 신성한 본성이 반영되었지만 거룩함과 선함의 근원은 우리 자신이 아니었습니다. 그 근원은 영원하신 삼위일체 하나님이십니다. 윌리엄 그레이트하우스(William Greathouse)와 레이 더닝(Ray Dunning)은 다음과 같이 설명했습니다. "오직 하나님만이 본질적으로 거룩하시다. 우리가 하나님과 올바른 관계를 갖고 있고 그 분의 성결케 하시는 영으로 충만할 때만 거룩하다." 따라서 타락으로 인한 죄의 유입과 그에 따른 결과 때문에 하나님의 도덕적 이미지는 망가진 반면, 하나님의 형상 안에 있는 우리의 본질적인 본성은 그대로 유지됩니다.[2] 그레이트하우스와 더닝은 계속해서 말합니다. "본질적으로 하나님을 위해 창조된 인간으로서 사람은 선하다. 실존적으로 사람은 죄성이 있고, 하나님의 생명에서 멀어진 반역자이므로 부패하다."[3] 본질적으로 선하나 실존적으로 반항적입니다. 이것이 원죄입니다.

우리는 타고난 본성을 가지고 있습니다. 그것은 망가진 담낭처럼 제거하면 되는, 우리 안에 있는 "물체"가 아닙니다. 교만과 자기중심적인 우리의 성향입니다. 그것은 폭력, 자아, 자만, 자기 보호 본능에 대한 우리의 타고난 경향입니다. 그것은 최고의, 가장 명백한 형태의 자기애입니다. 이것은 우리 마음 속의 죄라는 것이 우리가 최악의 순간에 저지르는 몇 가지 무분별한 행동 이상임을 의미합니다. 첫 번째 계명(출 20:2)을 무시하는 것으로서, 하나님만을 경배하는 것에 실패하는 것입니다. 톰 라이트(N. T.

---

2. 이마고 데이(Imago Dei)는 "하나님의 형상"을 라틴어로 번역한 것이다. 타락의 결과로 인간 속에 있는 하나님의 도덕적 형상이 훼손되는 반면, 하나님의 본질은 하나님의 형상대로 만들어진 모든 사람의 가치를 유지한다. 다이앤 르클럭(Diane LeClerc)은 요한 웨슬리의 가르침에 충실한 나사렛 신학자 밀드레드 뱅스 와인쿱(Mildred Bangs Wynkoop)이 "인간 안의 하나님의 형상을 하나님, 타인, 자아, 지구와의 관계에서 사랑할 수 있는 능력으로 정의한다"고 지적한다. 르클럭(LeClerc), 기독교 성결의 발견: 웨슬리안-성결 신학의 핵심 (Discovering Christian Holiness: The Heart of Wesleyan-Holiness Theology) (Kansas City : MO : Beacon Hill Press of Kansas City, 2010), 312. 또한 이 장의 마지막 부분인 "온전성결 정의"를 참조하라.

3. 그레이트하우스(Greathouse)와 더닝(Dunning), 웨슬리신학개론(An Introduction to Wesleyan Theology)(Kansas City, MO: Beacon Hill Press of Kansas City, 1982), 52. 원죄의 역사적 의미(롬 5:12~21)와 원죄의 실존적 의미(롬 7:14~25)를 자세히 설명한다. 53~54. 원죄에 대한 웨슬리주의적 관점은 전적 부패(total depravity)에 대한 칼빈주의 교리와 다르다.

Wright)는 우리가 얼마나 자기애에 몰입했는지 상기시켜 줍니다.

인간의 곤경에 대한 진단은, 단순히 자신의 형상을 지닌 창조주의 마음을 상하게 하고 모욕함으로써 인간이 하나님의 도덕법을 어기고 있다는 것은 아니다. 물론 그것은 사실이다. 하지만 이 법 위반은 훨씬 더 심각한 질병의 증상이다. 도덕성은 중요하지만 중요한 본론은 아니다. 피조물에 대한 책임과 권위를 위해 부름을 받은 인간은 그 소명을 거꾸로 뒤집어서 피조물 자체의 능력과 권세에 충성을 바치며 숭배했다. 이것의 이름은 우상 숭배이다. 그 결과 종이 되고 마침내 사망에 이르게 되었다.[4]

우리는 많은 문제 발생의 이력을 가지고 있습니다. 우리는 타락한 본성을 가지고 있습니다. 하나님의 은혜는 죄의 상태와 죄의 행위(원죄과 자범죄)로부터 구원하고 치유하는 데 필요합니다. 이를 위해서는 칭의와 성화가 모두 필요합니다. 우리 마음을 새롭게 개혁하고 근본적인 쇄신을 받아야 합니다. 그것이 웨슬리가 내적 및 외적 거룩함을 강조한 이유입니다. 우리는 죄를 용서받고, 그리스도 안에서 거듭나고, 믿음으로 마음을 정결케 해야 합니다. 그 결과 잃어버린 하나님의 완전한 형상이 회복됩니다.

육체의 일들

앞서 언급한 바와 같이 신약 성경에서, 특히 사도 바울은 종종 원죄의 비극적 결과를 "육체의 일들"이라고 말합니다. "육체(flesh)"라는 단어는 헬라어 sarx에서 유래되었습니다.[5] 몸(body)과 혼동하지 않기 위해

---

4. 라이트(N. T. Wright), 혁명이 시작된 날: 십자가의 의미를 다시 생각하다(The Day the Revolution Began: Reconsidering the Meaning of Jesus's Crucifixion)(New York: HarperCollins Publishers, 2016), 76–77.
5. 그리스도인의 삶에 더한 두본성이론(A two-nature theory)은 19세기 말과 20세기 초에 널리 알려진 세대주의적 관점을 통해 소개되었으며, 주목할만한 복음주의 설교자와 교사를 포함하여 많은 복음주의자들 사이에 광범위한 영향을 미쳤다. 이러한 영향으로 인해 초기(1973) NIV성경 번역위원회가 "육체"(sarx)를 "죄성있는 본성"으로 번역하였다. 더닝(Dunning)은 그레이트하우스(Greathouse)가 "[그 번역본을] 원 헬라어에 충실한 해석의 기초로 사용하는 것이 사실상 불가능하다"고 제안했다고 지적한다. 2011년 NIV 번역위원회는

설명하자면 육체는 만족을 추구하는, 자기 중심적으로 휘어져 있는 것을 지칭하기 위해 영적인 의미에서 사용되며, 하나님의 뜻과 목적에 온전히 굴복하지 않고 자신을 위해 사는 "나"의 과도한 자기애를 나타냅니다. 마틴 루터(그리고 앞 시대의 어거스틴)는 이것을 "자신 쪽으로 휘어진" 상태(incurvatus in se)라는 이미지로 묘사했습니다. 루터가 말한 자신에게로 휘어있는 이미지에 대해 깊이 생각해 보십시오. "우리의 본성은 첫 번째 죄의 타락으로 인해 그 자체가 너무 깊게 휘어져 있어서 하나님의 최고의 선물들을 자신에게로 구부리고 즐길 수 있다(의로운 위선자들이 행하는 일들에서 명백하게 나타나는 것처럼). 또는 오히려 이러한 선물들을 얻기 위해 하나님을 사용하지만, 그것이 너무나 사악하고 구부러지고 악의적으로 자신을 위해서 모든 것을 추구한다는 것을 깨닫지 못한다."[6]

바울이 "원함은 내게 있으나 선을 행하는 것은 없노라"(롬 7:18)라고 말할 때, 그는 온 마음으로 하나님을 사랑하고 순종할 능력이 없는 육체의 무력함을 언급하고 있습니다. 바울과 우리는 우리가 원하는 것을 원하는 "나"의 노예입니다. 바울은 육체가 성령과 싸우고 있다고 갈라디아서에서 말합니다. "육체의 소욕은 성령을 거스르고 성령은 육체를 거스르나니 이 둘이 서로 대적함으로 너희가 원하는 것을 하지 못하게 하려 함이니라"(갈 5:17). 그런 다음 그는 성령의 열매(19~23절)와 대조적으로 육체의 일과 육체를 따르는 행동과 태도의 생생한 예를 보여줍니다. 그런 다음, 마치 논쟁을 끝낼 것 처럼 바울은 "육신의 생각은 사망이요 영의 생각은 생명과 평안"(롬 8:6)이라는 끝내기 펀치를 사용합니다. 내 의역 : 우리가 육체의 악행을 죽이거나 그들이 우리를 죽일 것입니다. 이것이 바로 우리를 파멸로 이끌 육체의 심각성입니다.

육체에 대한 성경적 개념은 일반적으로 수년 동안 오해되어 왔습니다. 안타깝게도 어떤 사람들은 육체와 영이 몸과 마음에 해당하고 "육체"

번역을 "육체"로 수정했다. 더닝(Dunning), 신적형상의 추구:성경해석학에 기초한 성결신학 (Pursuing the Divine Image: An Exegetically Based Theology of Holiness) (Marrickville, New South Wales: Southwood Press, 2016), Kindle Location 786
   6. 마틴 루터(Martin Luther), 로마서강해(Lectures on Romans), WA 56.304.

는 우리 몸의 피부를 의미한다고 생각합니다.[7] 그 결과 육체가 악과 죄의 근원이라면 우리의 몸은 본질적으로 나쁘다고 생각하게 되었습니다. 그 생각이 점차 발전해서 삶의 육신적 측면을 경시하고, 우리 몸을 굴복시켜서 육신적 쾌락이나 만족을 허용하지 않아야 한다고 생각했습니다.[8] 극단적인 것처럼 보일 수 있지만, 육신의 죄와 영의 죄와 같이 죄의 종류가 만들어 지고, 하나가 다른 것보다 훨씬 더 나쁘다는 생각(예: 성적 부도덕은 험담이나 괴로움보다 더 나쁘고 술 취함은 교만이나 인종 차별보다 더 나쁘다)을 할 때마다 죄의 등급이 매겨지게 됩니다. 결과적으로 어떤 사람이 육신의 죄를 범하면(또한 "치명적인" 죄로 간주 됨) 거의 용서받을 수 없지만 영의 죄는 "아무도 완전하지 않다"는 정당화로 어물쩍 넘어갑니다. 이러한 방식으로 죄를 분리하고 분류하는 것은 바울이 모든 죄를 하나의 범주로 분류한다는 사실은 언급할 것도 없이 성경적 거룩함에 대한 분명한 오해입니다(갈 5:16-21 참조: 우상 숭배와 언쟁은 모두 "육체의 일").

인간의 몸은 나쁜 것이 분명히 아닙니다. 결국 하나님은 몸을 창조하시고 예수님 안에서 인간의 몸을 입으셨습니다. 바울이 인간의 신체를 언급하고 싶을 때 그는 헬라어 sarx가 아닌 soma를 선택하는데, 로마서에서만 열세 번 사용합니다. Soma라는 단어는 롬 12:1 에서처럼 인간의 몸 또는 사람 전체를 의미할 수 있습니다. "너희 몸을 하나님이 기뻐하시는 거룩한 산 제물로 드리라." 이것은 사람 전체의 성화에 대한 분명한 부르심이며 여기에는 우리의 신체가 포함됩니다.

그렇다면 육체는 무엇이며 성결케 하시는 은혜가 필요한 이유는 무엇입니까? 육체는 예수님의 주권 아래 오기보다는 전체 인격체(몸, 마음, 영)가 우리 자신의 신이 되도록 휘어져 있습니다. 우리의 삶을 하나님으로부터

---

7. "육체"와 "몸"은 신약 성경에서 두 개의 별개의 단어인 sarx와 soma이다.

8. 영지주의 이단의 대부분은 몸에 상응하는 육체에 대한 오해에 근거한다. 추상적인 최고 영혼(an abstract supreme soul)에 대한 플라톤적인 생각은 오늘날까지도 일부 사람들이 육신을 멸시하고 육신이 없는 영원한 혼의 필멸성을 강조하게 만든다. 그러나 이 오류는 육신적 부활의 성경적 교리와 모순된다. 이처럼 널리 퍼진 오해에 맞서기 위해 초기 기독교 신조는 육신적 부활의 중요성을 강조했다 (예: "몸이 다시 사는 것과, 영원히 사는 것을 믿사옵나이다," 사도신경).

벗어나 독립적으로 살려고 하는 것은 우리 자신의 죄성인 측면입니다. 예수님을 의지하기보다는 우리 스스로가 왕이자 구원자가 되기를 원하는 것입니다. 구원하시는 은혜 이전에 우리는 영이 아닌 육체에 의해 완전히 통제됩니다. 우리는 우리 자신을 구원할 수 있다고 믿는, 그리고 육체의 생각에 의해 완전히 사로잡히고 지배되는 마음의 성향, 즉 죄성을 가지고 있습니다. 그러나 칭의(죄 사함)와 거듭남(중생)의 순간에 우리는 성령을 선물로 받습니다.[9] 웨슬리안-성결계통의 사람들은 이것을 "초기 성화"라고 부릅니다.[10] 왜냐하면 우리는 거룩한 것, 즉 예수의 영을 받지 않고서는 우리 스스로 거룩한 삶의 여정을 시작할 수 없기 때문입니다.

이것은 주권 전쟁이 시작되는 지점입니다. 누가 내 인생의 왕이 될까요? 우리가 그리스도인이 되기 전에는 전쟁이 없었습니다. 가끔씩 벌어지는 전투도 없었습니다. 우리의 자기 주권과 이기적인 욕망에 전념하는 육체가 우리를 지배했습니다. 영이 우리 삶에 임할 때 우리는 그리스도의 새로운 소망과 동기와 생각을 받습니다(롬 12:2; 고전 2:16; 빌 2:5). 이 두 세력, 육체와 영은 서로 마주하고 있으며 이제 패권을 위해 싸우고 있습니다. 거룩함이 시작되었지만 이제는 성장하고 성숙해야 합니다.

바울이 고린도교회에 편지를 썼을 때 그는 "형제들아 내가 신령한 자들을 대함과 같이 너희에게 말할 수 없어서"(고전 3:1)라고 했습니다. 그들이 그리스도인이 아니라는 의미입니까? 아닙니다. 그들은 거듭난 그리스도인이었습니다. 사실 바울은 그들을 "그리스도 예수 안에서 거룩하여진" "부름받은 성도들"(1:2)이라고 부르면서 편지를 시작합니다. 중생, 칭의, 구속이 일어났습니다. 그들의 은혜의 여정이 시작되었습니다. 그들의 문제는 육체를 위한 싸움이 계속되고 있다는 것이었습니다.

---

9. "중생"은 그 자체로 성경적인 단어는 아니지만, 신학자들은 그리스도 안에서 새로 태어난 사람에게 은혜로 주어진 새 **생명**을 묘사하는 단어로 만들어 왔다. 매우 실제적인 의미에서 사람은 새 생명으로 자라나고 영적 부활이 일어나고 실제적인 변화는 유형과 무형의 방식으로 이어진다.

10. "웨슬리는 이 용어(초기성결)를 실제로 사용한 적이 없지만 구원의 순간이 의롭게 되는 과정을 시작한다는 그의 믿음을 나타낸다." 르클럭(LeClerc), 기독교 성결의 발견 (Discovering Christian Holiness), 318.

그들의 시기심, 경쟁, 교만, 분열은 여전히 온전하게 드러났습니다. 그들은 그리스도인이었지만 바울이 미성숙한 믿음과 동일시한 "육신에 속한 자"(3:1)였습니다. 그들은 그리스도인이었지만 여전히 "그리스도 안에서 어린아이"(3:1)입니다. 그들은 성장을 위해 해야 할 일이 있었습니다. 이것은 그들의 의지와 생각을 하나님께 완전히 굴복하지 않은, 그들 안에 여전히 저항의 수위가 있음을 다른 식으로 표현하는 것입니다.[11]

요한 웨슬리(John Wesley)는 바울의 진술이 나온 상황에 대한 예리한 통찰력을 제공합니다. 고린도사람들이 그들의 믿음을 잃었는지 묻는 질문에 웨슬리는 "아니요, 그 [바울]는 그들이 잃지 않았다고 분명히 선언했습니다. 왜냐하면 믿음을 잃었다면 그들을 "그리스도 안에서 어린아이"라고 하지 않았을 것이기 때문입니다. 그리고 그는 '육신적'이라는 말과 '그리스도 안에서 어린아이'를 하나의 동일한 것으로 말합니다. 즉 모든 신자들이 '그리스도 안에서 어린아이'인 동안 (어느 정도) '육신적'이라는 것을 분명히 보여줍니다.[12] 웨슬리에게 육신은 "육체적"인 것과 동등하며 그리스도를 닮는 것과 십자가의 자기 희생의 길로 자라야만 하는 미성숙한 믿음을 나타냅니다.[13] 이것은 모든 신자에게 해당됩니다. 문제는 구원이 아니라 주권입니다. 성화된 사람은 점점 더 예수님을 닮아가야 합니다. 그것은 그들

---

11. " '마음'으로 번역된 헬라어 용어는 바울이 사용한 가장 중요한 인류학적 용어 중 하나이다. 그것은 판단력에 행사될 때 사람의 이성적 측면을 말한다." 더닝(Dunning), 신적 형상의 추구(Pursuing the Divine Image), Kindle Location 814. 각 사람이 생각하고 이해하는데 있어서 지성을 사용하도록 하나님이 주신 능력은 소위 "이성"으로 알려진 웨슬리 사변형의 일부이다.

12. 웨슬리(Wesley), 설교 13생각(예 : 성적 "신자 안의 죄(Sermon 13: "On Sin in Believers") 웨슬리설교전집: 제1권 설교 1-53)(The Complete Works of John Wesley: Vol. 1, Sermons 1-53)(Fort Collins, CO: Delmarva Publications, 2014), 3.2.

13. 더닝은 "육신(carnality)은 오해의 소지가 있는 단어이며, 명사로 사용되는 반면, 성경은 항상 형용사 방식으로 육신적 [육체]을 사용한다"고 지적한다. 더닝(Dunning), 신적 형상의 추구(Pursuing the Divine Image), Kindle Location 2076. 이것은 또한 "육체"가 외과적으로 제거되어야 하는 "우리 안에 은유적으로 사는 암적 종양"과 같은 일종의 외계물질이라는 생각을 거부한다. 같은 책(Ibid.), Kindle Location 801. 일부 19세기 성결 설교자들을 포함하여 이것을 제거할 필요가 있는 개념으로 지지하는 사람들은 근절이라고 부른다.

안에서 어떤 실재가 죽어야 한다는 것이 아닙니다. 실제적이지만 비유적인 의미에서(성화의 과정이 실제적이지만 생물학적으로 죽는 것이 아니라는 의미-역자 주) 이전에 그들의 삶을 지배했던 것에 대해 죽어야 합니다.[14] 종교적 자격으로는 충분하지 않습니다. 도덕 표준으로는 충분하지 않습니다. 육체를 신뢰하는 것에 대해 죽어야 합니다.

바울의 다음과 같은 고백은 얼마나 솔직한지 놀랍습니다. "그러나 나도 육체를 신뢰할 만하며 만일 누구든지 다른 이가 육체를 신뢰할 것이 있는 줄로 생각하면 나는 더욱 그러하리니 나는 팔일 만에 할례를 받고 이스라엘 족속이요 베냐민 지파요 히브리인 중의 히브리인이요 율법으로는 바리새인이요 열심으로는 교회를 박해하고 율법의 의로는 흠이 없는 자라"(빌 3:4-6). 그는 의롭다고 여겨질 수 있는 모든 종교적 자격을 가지고 있었지만 그의 확신은 육체에 있었을 것입니다. 바울은 계속해서 "그러나 무엇이든지 내게 유익하던 것을 내가 그리스도를 위하여 다 해로 여길뿐더러"(3:7) 라고 말합니다. 그는 규칙을 지키고 율법에 순종하고 있었습니다. 그렇지만 자신의 의가 자신을 구원하거나 거룩하게 만드는 것이라고 믿고 의지하는 한 육체대로 살고 있었던 것입니다. 그것들은 그의 삶의 중심이 된 좋은 것들이었습니다. 그러므로 그는 그리스도를 알기 위해 그것들에 대해 죽어야만 했습니다. 더군다나, 바울은 그리스도를 점점 더 많이 알고 더욱 완전하게 되면서 힘들게 얻은 도덕적 노력을 그리스도의 구원하시는 의와 성결케 하시는 의로 바꾸었습니다. "또한 모든 것을 해로 여김은 내 주 그리스도 예수를 아는 지식이 가장 고상하기 때문이라. 내가 그를 위하여 모든 것을 잃어버리고 배설물로 여김은 그리스도를 얻고 그 안에서 발견되려 함이니 내가 가진 의는 율법에서 난 것이 아니요 오직 그리스도를 믿음으로 말미암은 것이니 곧 믿음으로 하나님께로부터 난 의라"(3:8-9).

많은 사람들이 도덕적이며 심지어 종교적이지만, 우월감, 강팍, 편견,

---

14. 윌리엄 그레이트하우스(William H. Greathouse)와 조지 라이언스(George Lyons), 뉴비콘성경주석(New Beacon Bible Commentary),로마서 1-8: 서구전통에서의 주석 (Romans 1-8: A Commentary in the Wesleyan Tradition), (Kansas City, MO: Beacon Hill Press of Kansas City, 2008), 182.

가혹함, 영의 냉담함이 있다는 것은 육체가 종교를 취했고, 그것을 자신의 거룩함을 위해 예수 그리스도를 의지하는 것을 피하는 전략으로 사용했다는 징후입니다. 이윤을 위해 가난에 찌든 자들을 착취하는 탐욕스러운 사업가로서의 바리새인도 마찬가지입니다. 하나님의 눈에는 똑같습니다 그들은 둘 다 하나님을 떠나 자신의 삶의 방식을 구축하기 위한 전략을 세우는 사람들입니다.

여기에 어려운 진리가 있습니다. 그리스도인도 육체대로 살 수 있습니다. 구원하시는 은혜 이전에는 우리가 죄 안에서 죽었기 때문에 육체는 성령과 싸우지 않습니다. 그러나 하나님의 영이 우리 안에 살아 역사하시더라도 우리는 육체의 방식으로 살 수 있습니다. 우리는 여전히 좋게 여기는 것을 가져다가 가장 궁극적인 것으로 만들 수 있습니다. 우리는 여전히 하나님께 의지하지 않고 우리 자신의 힘과 능력으로 살 수 있습니다. 그것이 우리에게 성결케 하시는 은혜가 필요한 이유입니다. 우리 자신에게 의지하고 싶은 육체를 십자가에 못 박을 하나님의 은혜가 필요합니다. 예수님의 영이 온전히 통제할 수 있도록 우리 자신의 삶을 관리하고자 하는 육체의 부분을 죽이는 것입니다.[15]

저명한 스코틀랜드 교사이자 경건한 저술가인 오스왈드 챔버스(Oswald Chambers)는 그리스도가 점점 더 많이 알려지도록 자아에 대해 죽는 마음에 도달하였습니다.

> 이는 정서적인 의견과 지적인 믿음 모두를 죄성, 곧 자신에 대한 나의 권리 주장을 포기하는 도덕적 판결로 바꾸는 것이다. 내가 이러한 도덕적 결정을 내리고 그 결정에 따라 행하면 비로소 십자가 상에서 그리스도께서 나를 위해 이루신 모든 일들이 내 안에서

---

15. 오스왈드 챔버스(Oswald Chambers)는 자아에 대해 죽는 것을 예수님의 죽음과 동일시하고 기꺼이 "십자가에 함께 못 박힘"의 개념으로 언급한다. 같은 방식으로 그리스도인은 예수님의 부활 안에서 예수님과 연합할 수 있으며 새 생명으로 "함께 부활"을 나눌 수 있게 된다. 예수님의 부활의 삶은 이제 거룩함의 삶에서 경험된다. 챔버스(Chambers), 주님은 나의 최고봉(My Utmost for His Highest), (Uhrichsville, OH: Barbour and Company, 1935), 73.

역사하기 시작한다. 자유 의지로 기꺼이 내 자신을 하나님께 온전히 맡기면 성령께서 예수 그리스도의 거룩함을 나에게 주시는 기회가 주어진다. 나의 개성은 여전히 남아 있지만 그 마음을 다스리던 성향과 내가 살아야 하는 근본적 동기가 완전히 바뀌게 된다.[16]

육체가 우리 삶을 지배하지 않아도 됩니다. 거룩한 삶을 위한 자유가 주어졌습니다. 성결케 하시는 은혜는 수단이자 치료법입니다. 그렇다면 성결케 하시는 은혜는 실제로 은혜의 여정에서 어떻게 작용합니까? 이 장의 나머지 부분에서 설명하겠습니다.

예수 닮아가기

조지라는 사람에 대한 이야기를 하려고 하는데, 그의 진짜 이름은 아닙니다. 조지는 우리 교회의 교인이었고 불만이 많은 사람이었습니다. 그는 항상 무언가에 대해 화를 냈습니다. 그는 찬송이나 나의 설교를 좋아하지 않았습니다. 그는 자신이 어렸을 때 들었던 거룩함과는 다른 쪽으로 설교를 한다고 내게 말했습니다. 더욱이 그는 사람, 특히 새로운 사람을 좋아하지 않았습니다. 조지는 당신이 상상할 수 있는 가장 추악한 말을 담은 7페이지 분량의 편지를 내게 썼습니다. 내가 목회자로서 행한 모든 행동을 공격할 뿐만 아니라 그렇게 행한 나의 동기를 알고 있다고 가정하고 있었습니다.

한때 그의 불만은 교회가 내부에 초점을 맞추고 외부로 손을 뻗지 않는다는 것이었습니다. 그러다가 교회가 새로운 사람들로 가득 차기 시작했을 때 그것에 대한 불만을 나타냈습니다. 왜냐하면 수년간 이 교회에 다니면서 교회의 안정을 위해 희생을 한 사람들을 목회자가 더 이상 신경쓰지 않기 때문이라고 했습니다.. 그는 다른 교회에서 양들을 훔치기 때문에 교회가 성장하고 있다고 말했습니다.(사실이 아닙니다.) 이를 통해 내릴 수 있는 결론은 조지가 상황이 바뀌기를 원하지 않는다는 것입니다.

조지로 인해 목회자로서 제 감정 에너지를 많이 소비했습니다. 그는 계속해서 교회를 떠나겠다고 위협했습니다. 나는 그가 우리 모두가 알고 있는

---

16. 챔버스(Chambers), 주님은 나의 최고봉(My Utmost for His Highest), 58.

것을 잘 알고 있었다고 생각합니다. 즉, 다른 어떤 교회도 그를 용납하지 않을 것이라는 것입니다. 마침내 어느 날 나는 그에게 전화를 걸어 말했습니다. "조지, 내가 당신을 사랑한다는 것을 알겠지만 더 이상 편지나 이메일을 쓰지 않겠습니다. 나는 이메일을 통해 당신의 마음을 들을 수 없고 당신은 나의 마음을 들을 수 없습니다. 이제부터 걱정이나 불만이 있으면 직접 대면해서 얘기해야 할 것입니다.'

적어도 잠시 동안은 상황이 좋아진 것 같았습니다. 그는 나에게 또 다른 편지를 보내지 않았지만 교회에서 계속 부정적인 내용들을 퍼뜨렸습니다. 조지는 맹견이라기보다 모기에 더 가깝다는 것을 알게 되었습니다. 즉, 위험하기 보다는 더 짜증나는 것입니다.

나에게 가장 안타까운 부분은 조지가 변화되지 않았다는 것입니다. 그는 괴팍한 사람이었고 누구든지 기억할 수 있을 만큼 오랫동안 그렇게 살았습니다. 교회에서만 그런 것이 아닙니다. 그는 아내에게 좋은 남편이 아니었습니다. 그의 아이들은 그와 함께 하기를 원치 않았습니다. 그의 삶에는 기쁨이 없었습니다. 놀랍게도 그는 60년 이상 교회에 다녔습니다. 그런데 아무도 그가 변하지 않는다는 사실에 놀란 사람이 없었으며, 그 누구도 특별히 신경을 쓰지 않았습니다. 사람들은 그것을 받아 들였습니다. "오, 그게 원래 조지의 모습이야"라고 그들은 말합니다. 아무도 그가 예수님처럼 될 것이라고 기대하지 않았습니다.

조지에 대해 생각하면서 "그 교회는 얼마나 많이 모이냐?"라고 묻는 것이 교회의 건강에 대해 묻는 잘못된 질문이라고 믿게 되었습니다. 더 나은 질문 또는 적어도 올바른 방향으로 나아가는 질문은 "이 사람들은 누구를 닮는 사람들입니까?"라고 묻는 것입니다.[17] 누군가가 그리스도인이 되었을 때 그의 목표는 그리스도를 따르는 방법을 배우는 것 뿐만 아니라 실제로 그리스도를 닮은 삶을 사는 것입니다. 이것이 은혜의 여정에 있는 모든 제자도의 목표입니다.

---

17. 빌 헐(Bill Hull), 제자를 만드는 목회자(The Disciple-Making Pastor), (Old Tappan, NJ: Revell, 1988), 13.

제자도의 목표

바울이 사역에 있어서 주어지는 은사를 제시했을 때 그는 사도, 선지자, 복음전하는 자, 목사, 교사가 있을 것이지만 그들의 통일된 목적은 "성도를 온전하게 하여 봉사의 일을 하게 하며 그리스도의 몸을 세우려 하심"이라고 말했습니다(엡 4:12). 제자도와 관련하여 이 구절에서 해석해야 할 것이 많지만 "몸"이라는 개념부터 시작하겠습니다.

영적인 성장이 언급될 때마다 무언가가 살아 있다는 가정이 있기 때문에 몸은 아주 흥미로운 비유입니다. 모든 생명체가 자랍니다. 죽은 것은 그대로 있거나 부패합니다. 생명체만 자랍니다. 무생물은 자라지 않습니다. 집 안의 가구는 자라지 않습니다. 바위는 자라지 않습니다. 유기체만 자랍니다.

유기체는 (1) 식물, 동물 또는 사람과 같은 생물이거나 (2) 생물 또는 사물을 구성하는 상호 의존적인 부분의 기능 시스템일 수 있습니다. 식물은 유기체입니다. 식물은 햇빛, 물, 영양분 없이는 자랄 수 없습니다. 성장을 유지하려면 생태계가 필요합니다. 그렇지 않으면 죽습니다. 우리 인체도 유기체입니다. 인체의 구조는 상호 의존적인 기능을 하는 구조로서, 함께 작동하도록 설계된 운영 시스템입니다. "몸은 하나인데 많은 지체가 있고"(고전 12:12). 우리 지체 중 하나가 제대로 작동하지 않으면 아무리 사소해 보이는 지체라 할지라도 전체 시스템이 중단되어 우리가 건강을 잃을 수도 있습니다.

바울이 우리가 그리스도의 몸이라고 말할 때 그는 교회가 성령의 능력 안에서 생명력과 건강을 위해 함께 일하고 서로 의존하는 역동적이고 살아있는 사람들로 구성된 유기체이기도 함을 지적하고 있습니다. "몸은 한 지체뿐만 아니요 여럿이니"(고전 12:14). 지체가 전체적으로 함께 작동하지 않으면 병들고 쇠약해집니다. 반대로 각 부분이 연결되고 영양이 공급되어 함께 성장하면 그 결과 활력과 건강이 나타나고 형태가 나타나기 시작하고 최종 목표(텔로스 telos)가 달성됩니다. 우리는 "우리가 다 하나님의 아들을 믿는 것과 아는 일에 하나가 되어 **온전한 사람을 이루어 그리스도의 장성한 분량이 충만한 데까지**"(엡 4:13, 강조 추가) 이를 때까지 몸을 만들어 갑니다.

그리스도인 성숙의 목표는 그리스도의 완전한 형상, 즉 그리스도를 닮는 것입니다. 다른 목적은 없습니다. 따라서 그것이 교회의 목표입니다. 우리 개개인이 함께 모일 대 그리스도의 몸처럼 보이는 것입니다. 또한 바울은 강조적으로 "범사에 (머리이신) 그에게까지 (의도된 대로) 자랄지라"고 되풀이하여 말합니다(15절).

개인적으로나 공동체적으로, 혼자서나 단체적으로 모든 영적 성장의 목표는 점점 더 예수님을 닮아 가는 것입니다. 예수님처럼 되는 행동이나 과정은 성화이며 성결케 하시는 은혜로 가능해집니다.

성결은 선택이 아니다

헬라어 단어 성화는 "거룩"(hagios)이라는 단어와 관련이 있습니다. 웨슬리안-성결 신학은, 복음의 좋은 소식은 언젠가 우리가 죽을 때 하나님과 함께 하게 될 뿐만 아니라 하나님 나라에서의 풍성한 삶을 지금 우리가 있는 곳에서 제공받는다고 생각합니다. 하나님의 계획은 타락으로 말미암아 훼손된 우리 안에 있는 하나님의 형상이 모든 아름다움과 영광으로 회복되는 것이고, 우리가 생각하고 말하고 행하는 것에 있어서 그리스도를 닮은 그의 걸작품이 되는 것입니다. 그것이 성화라고 불리는 것이며 우리가 되어 가고 있는 것입니다. 성화는 성장하는 그리스도인에게 선택 사항이 아닙니다.

차를 살 때 차량 판매원은 우리에게 차에는 기본 장비와 옵션 액세서리가 있다는 것을 알립니다. 우리는 핸들과 안전 벨트, 백미러가 기본 장비이기 때문에 모든 차에 필수적으로 장착될 것임을 알고 있습니다. 그러나 자동 차창, 합금으로 된 알로이 휠, 선 루프 등은 옵션 액세서리이기 때문에 모든 차에 있는 것은 아닙니다. 성화는 예수님의 제자들에게 있어서 선택적인 액세서리가 아닙니다. 모든 모델의 기본 장비입니다. 성장은 선택이 아니기 때문에 예수님처럼 되는 것은 누구나에게 기대됩니다. 우리는 항상 -영적으로 형성되는 과정 속에서- 무언가를 향해 성장하고 있습니다.

바울은 로마서 12장에서 "너희는 이 세대를 본받지 말고 오직 마음을 새롭게 함으로 변화를 받아 하나님의 선하시고 기뻐하시고 온전하신 뜻이 무엇인지 분별하도록 하라"(12:2)고 말함으로써 다시 한 번 이것을 확인합니다. 본받음, 또는 변화-이것들은 우리의 유일한 두 가지 대안입니다. 우리가 하나님의 새롭게 하시는 능력에 의해 변화(안에서 밖으로의 변화) 되고 있지 않다면, 우리는 세상 도처에 만연한 하나님을 대적하는 세력에 의해 길들여 지고(틀에 맞게 짜여지고) 있는 것입니다. 질문은 당신이 영적으로 형성될 것인가가 아닙니다. 무엇이 당신을 형성할 것인가 입니다. 하나님이 우리를 형성하지 않으시면 우리의 삶의 환경을 설정하기를 기뻐하는 영적인 적, 즉 악한 적수가 기다리고 있습니다.

간단히 말해서, 하나님으로부터 멀어진 세상은 사람들을 변형시키고 기형시킵니다. 하나님은 개혁하시고 변화시키십니다. 그렇기 때문에 성화 -예수님을 닮아 가는 것- 가 매우 중요합니다. 인간의 삶에 대한 하나님의 뜻을 이것보다 더 잘 요약한 구절은 성경상 거의 없습니다. "하나님의 뜻은 이것이니 너희의 거룩함이라"(살전 4:3); "모든 사람으로 더불어 화평함과 거룩함을 좇으라 이것이 없이는 아무도 주를 보지 못하리라"(히 12:14). 화평함과 거룩함을 추구하라는 명령은 수동성보다 행동을 시사합니다. 사람의 영적 성장을 성화 또는 거룩이라고 부릅니다. 초기성결과 온전성결은 같지 않지만 모든 성화의 목표는 예수님처럼 되는 것입니다. 이것이 모든 그리스도인의 삶에 대한 하나님의 뜻입니다. 왜냐하면 우리가 "범사에 그에게까지 자랄지라. 그는 머리니 곧 그리스도라"는 말씀을 이행하지 않을 때, 우리는 거룩한 사랑이 아닌 다른 어떤 것으로 형성되고 있기 때문입니다 (엡 4:15).

영적 성장을 위한 방정식

제자도는 선택 사항이 아닙니다. 대부분의 그리스도인들은 그 점에 있어서 이의를 제기하지 않습니다. 진짜 질문은 이러한 성장이 어떻게 발생하는가 입니다. 그의 저서 "교회성장, 다시 생각해 봅시다(Rethinking the Church)"에서 제임스 에머리 화이트(James Emery White)는 많은 사람들이 제자화 과정에 대해 믿고 있는 것을 설명합니다. 그는 이것을 수학

방정식의 형태로 제공합니다.

구원 + 시간 + 개인적용 = 삶의 변화

이 공식은 네 가지 가정 하에 발전합니다. (1) 삶의 변화는 구원에서 일어난다. (2) 시간이 지남에 따라 자연적으로 계속 발생한다. (3) 주로 의지의 행위에 의해 달성된다. 그리고 (4) 혼자서 가장 잘 성취된다.[18] 제안된 가설을 주의깊게 살펴 보겠습니다.

첫째, "구원"입니다. 구원은 우리 존재의 급격한 변화로서("거듭남"), 욕망, 습관, 태도, 품성의 기적적인 전환을 일으키는 즉각적인 마음의 변화가 있습니다. 그리스도인은 만들어지지 않고 태어납니다. 구원은 우리와 하나님과의 관계적 신분을 바꾸고, 우리의 영원한 운명을 바꾸고, 우리 삶에 성령의 능력과 역사를 가져오기 때문에 즉각적이고 실질적인 성장이 기대됩니다. 그것이 구원의 가설입니다.

두번째로 "시간"입니다. 변화 과정은 회심할 때에 일어나지만, 그리스도인이 되었다고 해서 완전히 성장한 것이 아님은 분명합니다. 처리해야 할 반항과 이기심의 주머니는 여전히 남아 있습니다. 화이트는 이러한 것들은 시간이 지남에 따라 관리되는 것이라고 말합니다.[19] 따라서 5년째 그리스도인은 5년의 영적 성숙을, 10년째 그리스도인은 10년의 성숙을 갖게 되는 방정식입니다. 믿음은 시간이 지남에 따라 성장할 수 밖에 없기 때문에 가능한 한 성경을 읽고 교회에 출석하면 성령의 열매가 번성하여 점차 예수님처럼 될 것입니다. 그것이 시간의 가설입니다

셋째, "개별 적용"입니다. 이것은 사람의 의지력과 관련이 있습니다. 시간이 지남에 따라 자연스럽게 일어나지 않는 것은 무엇이든지 결단과 인간의 노력으로 보완될 것이라는 생각입니다. 인간이 해야 할 일은 특정한 방식으로 살고 행동하기로 결정하는(그리고 약간의 인내심을 쏟는) 것입니다.

---

18. 제임스 에머리 화이트(James Emery White), 교회성장 다시 생각해 봅시다 (Rethinking the Church: A Challenge to Creative Redesign in an Age of Transition), (Grand Rapids: Baker Books, 1997), 55.

19. 화이트(White), 교회성장 다시 생각해 봅시다(Rethinking the Church), 56.

왜냐하면 그리스도인의 삶은 의지의 행함에 의해 유지되기 때문입니다. 충분한 시간에 더해진 우리의 의지력이 성령의 열매를 맺을 것입니다. 이것이 개별 적용의 가설입니다.

마지막으로 "혼자서 가장 잘 성취"입니다. 제자도 방정식의 마지막 가설은 독립성, 혹은 예수 그리스도와의 개인적인 관계는 사적인 관계에 버금간다는 것입니다.[20]

방정식은 이렇게 진행되지만 우리는 이러한 가정이 유효한지 물어보는 일이 거의 없습니다. 이것이 제자가 되는 방식입니까? 구원받은 후 영적 생활에서 자동적으로 성장하기 시작합니까? 누군가가 그리스도인이 되었을 때 습관, 태도 및 인격 변화에 즉각적이고 심층적인 변화가 있습니까? 그리스도인은 시간과 의지력만으로 성장합니까? 하나님과 우리의 관계가 개인적이기 때문에 예수님의 제자들이 혼자 일하는 것이 더 낫습니까? 이러한 가정이 맞다면 교회에 충분한 증거가 있어야 합니다. 화이트는 그들이 사실이라면 단순히 방정식을 적용하는 것만으로도 동일한 결과가 일관되게 나타나야 한다고 지적합니다. 즉, 개별 그리스도인과 그리스도의 몸이 생각, 말, 행동에서 점점 더 예수님을 닮아가는 결과입니다.[21] 그러나 공식이 완전하지 않은 중요한 이유가 있습니다.

우선, 예수님의 제자들은 태어나고 만들어집니다. 구원하시는 은혜는 우리의 하나님과의 관계 상태를 바꾸고, 영원한 운명을 바꾸며, 성령의 능력과 역사를 우리 삶에 도입합니다. 그러나 신약의 가르침에서 알 수 있듯이 새로운 그리스도인은 아직 성숙하지 않았습니다. 그리스도인이 된다고 해서 자동적으로 그리스도처럼 되는 것은 아닙니다. 성장이 필요합니다. 덕목은 특정한 연습을 통해 시간이 지남에 따라 성장합니다.[22] 이러한 현실에 비추어

---

20. 그리스도와의 개인적인 관계가 예수와의 사적인 관계와 동의어라는 생각은 세계의 다른 지역보다 서구 사회에서 훨씬 더 널리 퍼져 있다. 개인주의는 미국에서 문화적 미덕으로 간주된다.

21. 화이트(White), 교회성장 다시 생각해 봅시다(Rethinking the Church), 57.

22. 라이트(N. T. Wright)는 기독교인의 덕목 개념을 품성의 변형으로 정의한다. 라이트(Wright), 그리스도인의 미덕: 왜 그리스도인의 덕목이 중요한가?(After You Believe: Why Christian Character Matters)(New York: HarperCollins Publishers, 2010). 5

성결케 하시는 은혜를 통해 영적 성장이 어떻게 이루어지는 지에 대한 보다 성경적인 틀을 생각해 보겠습니다.

1. 영적 성장은 구원에서 시작될 수 있지만 우리는 평생 은혜 안에서 계속 성장합니다. 성결과 온전성결에는 차이가 있습니다. 논쟁은 항상 성결이 즉각적인 것인지 점진적인 것인지에 관한 것 같습니다. 특정한 순간이 있습니까, 아니면 과정입니까? 대답은 둘 다입니다.[23] 성결케 하시는 은혜는 우리가 구원의 은혜를 경험하는 순간부터 시작됩니다. 신학자들은 그것을 "초기 성화"라고 부르며, 그 뒤에는 은혜 안에서 영적 성장이 뒤 따르는데, 우리의 완전한 헌신과 완전한 항복의 순간에 하나님께서 마음을 정화하고 깨끗하게 하실 때까지 은혜 안에서 영적 성장이 뒤따릅니다. 이것은 온전성결 또는 "그리스도인의 완전"이라고 하는 경험입니다.[24] 그러나 하나님께

장,"지속케 하는 은혜"에서 덕목을 이해하는 데 훨씬 더 많은 시간이 주어질 것이다.

23. 온전성결의 경험에서 순간적 또는 점진적, 위기 또는 과정의 주제는 역사적으로 웨슬리안-성결 계통에서 큰 논쟁의 주제였다. 요한 웨슬리 자신은 두 가지 모두의 필요성을 지속적으로 강조했으며, 초기 나사렛 지도자들은 일반적으로 균형을 제시하는데 주의를 기울였다. 국제총회감독 윌리엄스(RT Williams)는 1928년 나사렛 교회 총회에서 다음과 같이 말했다. "교회는 종교의 순간과 과정 모두에 중점을 두어야 합니다. 수년 동안 성결의 사람들은 자신이 부름을 받은 일은 제단에서 끝났다고 느꼈습니다. 제단 앞으로 나아 온 수많은 사람들이 중생과 성결의 축복을 받았지만 우리의 일이 이 시점에서 시작된 것이 분명해졌음을 알게 되었습니다. 나사렛 교회는 이 두 가지 위대한 원칙, 즉 순간과 과정을 결합하고 있습니다. [사람들을] 하나님께 인도함으로 초기 구원을 통해 그리스도의 몸을 세우고, 그리스도인의 성품의 성장을 도모하십시오." 국제총회 회의록(General Assembly Journal), 1928, 더닝(Dunning)의 신적 형상 추구(Pursuing the Divine Image), 전자책판(Kindle Location) 2176, 각주 26에서 참조.

24. 기독교적 완전은 기독교 역사 전반에 걸쳐 성경적이고 자주 사용되는 문구이다. 초대 교회의 교부들은 완전함을 신성한 본성에 참여하는 개념과 동일시했다. 그러나 완전에 대한 현대적인 개념은 다르게 이해된다. 그것은 "죄없는 완전성" 또는 토마스 노블(Thomas Noble)이 쓴 것처럼 "이생에서 그리스도인들이 죄가 없고 완전하게 거룩했던 그 최종적이고 절대적인 완전 상태에 도달할 수 있다는 생각"으로 정확하게 가르쳐 진 적이 없다. TA Noble(TA Noble), 성삼위일체, 거룩한 백성: 그리스도인의 완전에 대한 역사적 교리(Holy Trinity, Holy People: The Historic Doctrine of Christian Perfecting), (Eugene, OR : Cascade Books, 2013). 22. 현대 해석의 혼란을 피하고 은혜 안에서 성장하는 역동적인 측면을 강조하기 위해 노블은 다음과 같이 주장한다. "최종 도착보다는 움직임의 완벽에 대한 역동적인 개념을 감안할 때, 헬라어 단어의 의미를 '완벽'이라는 단어를 사용하는 것이 아니라 '완벽함'으로 번역하여 표현하는 것이 더 나을 수 있다." 같은 책(Ibid.), 24.

온전히 헌신한 그 순간 이후에도 우리는 계속해서 은혜 안에서 성장하고, 살아가는 동안 성장을 멈추지 않습니다.

나사렛성결교회의 신조는 다음과 같이 말합니다. "우리는 정결한 마음과 성숙한 인격에는 뚜렷한 분별이 있음을 믿는다. 전자는 온전 성결의 결과로써 순간적으로 얻어지며, 후자는 은혜 속의 성장의 결과이다." 선행은총에 믿음으로 응답할 때 구원하시는 은혜를 받습니다. 우리의 우선순위에 있어서 순위 전환, 갈망의 재구성이 있으며, 성령의 능력과 역사가 우리 삶에서 나타납니다. 우리가 지금까지 가지고 있던 모든 해로운 습관, 성격 결함 또는 나쁜 성품에서 즉시 해방되는 것이 아니라, 하나님은 우리를 그분이 원하는 모습으로 만들기 위해 계속해서 우리 안에서 역사하십니다. 모든 기독교 제자도의 목표는 점점 더 예수님을 닮아가는 것입니다. 그렇기 때문에 아기가 계속 아기로 남아있을 것이라고 기대하지 않는 것처럼, 아기가 완전히 기능하는 성인으로 성장하고 성숙하기를 바라는 것처럼, 바울도 그리스도인으로서 우리가 영적인 아기로 남아 있지 않기를 기대해야 한다고 생각했습니다. 영적 성장은 구원에서 시작되지만 우리는 평생 동안 은혜 안에서 계속 성장합니다. 우리는 오늘 했던 것 보다 내년에 더 그리스도를 많이 닮고, 더 그리스도처럼 행동하고, 더 그리스도처럼 생각해야 하며, 그래서 성결케하시는 은혜에 의해 앞으로 나아갑니다.

2. 영적 성장에는 시간 그 이상이 포함됩니다. 대부분의 친구들은 내가 피아노를 칠 수 있다는 사실을 모르거나 잊고 있습니다. 저는 40년 넘게 피아노를 연주해 왔습니다. 10살 때는 거의 매일 연습했습니다. (축구보다 피아노 연습을 우선시했던 어머니의 많은 감독하에) 이제는 훨씬 적은 빈도로, 1년에 한 번씩 피아노를 칩니다. 누군가가 내가 얼마나 오랫동안 피아노를 쳐왔냐고 물어 본다면 40년이라고 대답하는 것이 사실을 말하는 것이겠지만 실상은 내가 피아노 치는 연습을 의도적으로 하면서 그 40년을 보내지는 않았다는 것입니다. 교회에는, 피아노를 겨우 2~3년간 연주했는데도 그들보다 기술적으로 훨씬 더 오래 피아노를 다룬 제 실력을 능가하는 어린이들이 있습니다.

이것은 우리의 영적인 삶과 다르지 않습니다. 어떤 정보가 단순히 우리 앞에 놓여 있다고 해서 사람들이 그 정보를 흡수하고, 이해하고, 수용하고, 생활한다는 의미는 아닙니다. 영적 성장에 시간이 걸리는 것은 사실이지만 성결케하시는 은혜가 본질적으로 시간의 산물이거나 기독교 문화를 접했기에 주어지는 부산물이라는 것은 사실이 아닙니다.[25] 교회는 수년 동안 그리스도인으로 살아 온 사람들로 가득 차 있지만 그들의 삶은 예수님의 영이 거의 반영되어 있지 않습니다. 비판적이고 괴팍하고 냉소적이며 부정적이며 이기적입니다. 그들 중 많은 사람들이 내가 목회했던 교회의 조지와 같습니다. 즉, 그들은 매년 점점 더 예수님을 닮아 가고 있지 않습니다. 그 이유는 매우 간단합니다.

3. 영적 성장은 하나님과의 협력과 의도적인 훈련이기 때문에 시간의 문제가 크지 않습니다. 히브리서 저자는 이렇게 말합니다. "때가 오래 되었으므로 너희가 마땅히 선생이 되었을 터인데 너희가 다시 하나님의 말씀의 초보에 대하여 누구에게서 가르침을 받아야 할 처지이니 단단한 음식은 못 먹고 젖이나 먹어야 할 자가 되었도다. 이는 젖을 먹는 자마다 어린아이니 의의 말씀을 경험하지 못한 자요 단단한 음식은 장성한 자의 것이니 그들은 **연습을 통해 훈련을 받아** 선악을 분별하는 자들이니라. 그러므로 우리가 그리스도의 도의 초보를 버리고 …… 완전한 데로 나아갈지니라"(히 5:12 ~ 6:2, 강조체 추가). "때가 오래 되었으므로"라는 구절을 바탕으로 생각해 볼 때 이 편지는 이미 얼마 동안 그리스도인이었던 신자들에게 쓰여졌다고 가정할 수 있습니다. 말과 모범을 통해 은혜의 여정을 가르치는 교사가 되는 대신, 그들은 여전히 이유식을 먹고 있었습니다. 단단한 음식을 먹고 장성한 그리스도인이 되는 길은 옳고 그름의 차이를 인식하고 선과 악을 구별할 수 있도록 돕는 의를 훈련하는 것을 통해서입니다. 이것은 회개한 신자들의 마음에 아직 남아있는 육체의 측면으로부터 돌이킬 수 있게 만드는 그리스도인의 완전 또는 그리스도안에서의 성숙을 향해 계속 진행되고 있습니다.

---

25. 화이트(White), 고회성장 다시 생각해 봅시다(Rethinking the Church), 59.

히브리서에 나오는 "연습을 통해 훈련받다"라는 문구는 흥미롭습니다. 그것은 의도적인 노력을 의미하며 그리스도인들이 그리스도 안에서 우리 자신의 영적 성장에 참여한다는 것을 의미합니다. 다른 예도 많이 있습니다. "너 자신을 준비하라! 믿음을 세워라! 경주를 시작하라! 마음을 지켜라!" 이것들은 모두 하나님께서 우리 안에서 일하시는 것을 세상에서 이루라는 성경적 명령입니다. 이 훈련은 요한 웨슬리가 경건한 일들과 자비로운 일들이라고 불렀던 구체적인 실천 즉 은혜의 수단에 의해 이루어집니다.[26] 경건한 일에는 기도, 성경읽기, 금식, 성만찬 참여, 세례, 다른 그리스도인들과 시간 보내기 등 제도화된 은혜의 수단이 포함됩니다.[27] 자비로운 일들은 '배고픈 사람을 먹이고, 벌거벗은 사람을 옷 입히고, 낯선 사람을 접대하고, 감옥에 있거나 아픈 사람을 찾아가고, 잘 깨닫지 못하는 사람을 가르치는 것'과 같은, 다른 사람들에게 봉사하는 동안 은혜의 수단이 되기도 합니다. 우리는 선물로 받은 은혜의 수단들을 실행합니다. 우리의 참여는 필수적입니다.[28]

그럼에도 불구하고 우리는 참여와 통제를 혼동하지 않도록 주의해야 합니다. 우리는 우리의 영적 성장을 통제하지 않으며 심지어 그것을 야기하지도 않습니다. 우리가 통제할 수 있는 것들이 있습니다. 전화를 걸거나 차를 운전하거나 심부름을 할 수 있습니다. 우리가 할 수 없는 것도 있습니다. 날씨를 바꿀 수 없습니다. 우리의 유전자를 바꿀 수 없습니다. 우리가 통제할 수 있는 것과 우리가 할 수 없는 것, 둘 다 존재합니다.

그러나 세 번째 범주도 있습니다. 우리가 통제하지는 않지만 협력할 수

---

26. "'은혜의 수단'이란 하나님께서 제정하신 외적인 표징, 말, 행동으로 나는 이해하며, 이를 위해 그가 인간에게 전하고자 하는 선행하고 의롭게 하고 성결케하는 은혜를 전하는 평범한 통로가 되도록 제정되었다." 웨슬리(Wesley), 설교 16: 은혜의 수단,("Sermon 16: The Means of Grace," II.1, http://wesley.nnu.edu/john-wesley/the-sermons-of-john-wesley-1872-edition/sermon-16-the-means-of-grace/.은혜의 수단들은 때때로 영적훈련이라고 불린다.

27. 조엘 B. 그린(Joel B. Green)과 윌리엄 H. 윌리몬(William H. Willimon) 편저, 웨슬리 스터디바이블NRSV(Wesley Study Bible New Revised Standard Version) (Nashville: Abingdon Press, 2009), 1488, footnote "Going on to Perfection."

28. 은혜의 수단에 관해서는 제5장 "지속케 하시는 은혜"를 보라.

있는 것입니다. 잠에 대해 생각해 보십시오. 어린 자녀를 뒀다면 자녀에게 '가서 자라'고 자주 말하게 될 것입니다. 때때로 그들은 "잠이 안와!"라고 대답합니다. 부분적으로 옳습니다. 당신이 무엇인가를 결정하고 행하는 것과 같은 방식으로 그들 스스로 결정해서 잠들 수 없습니다. 부모로서 아이들에게 스스로 잠을 잘 수 있도록 몇 가지 일을 하게 만들 수 있습니다. 잠자리에 들 준비를 하고, 침대에 누워, 불을 끄고, 눈을 감고, 부드러운 음악을 듣고 있으면 잠이 올 것입니다! 그들은 그것을 통제할 수 없지만 속수무책이지도 않습니다. 잠들 준비를 하면 조용히 잠이 오게 할 수 있습니다. 영적 성장도 마찬가지입니다. 우리는 우리 자신을 성화시키거나 예수님처럼 될 수 없습니다. 거룩한 분은 우리를 거룩하게 만듭니다. 하나님은 우리를 성결케 하시는 분입니다. 그러나 구원에서와 같이 협력이 필요합니다. 우리는 자신을 구원하지 못하지만 구원하시는 은혜에 긍정적으로 답해야만 합니다.

제자도의 가르침으로 저명한 달라스 윌라드(Dallas Willard)는 다음과 같이 유명한 말을 했습니다. "은혜는 노력에 반대하지 않는다. 취득하는 것을 반대한다."[29] 은혜는 중생, 칭의, 용서 이상을 위한 것입니다. 은혜는 제자가 되는 모든 여정에 필요합니다. 그렇지만, 아마도 우리 시대의 가장 큰 위험은 우리가 제자 훈련 여정에서 너무 많은 일을 하고 있다고 생각하지 않고 우리가 아무것도 하지 않아도 된다고 생각하는 것입니다. 수동성은 율법주의만큼 위험할 수 있습니다. 바울이 옛 사람을 벗고 새 사람을 입으라고 말한 것은, 반드시 하나님의 도움으로 해야 한다는 뜻입니다. 바울은 이것에 대해 타협하지 않습니다: "경건에 이르도록 네 자신을 연단하라"(딤전 4:7). 그리고 "운동장에서 달음질하는 자들이 다 달릴지라도 오직 상을 받는 사람은 한 사람인 줄을 너희가 알지 못하느냐 너희도 상을 받도록 이와 같이 달음질하라"(고전 9:24)고 말합니다.

은혜는 우리가 스스로 할 수 없는 모든 것을 하나님께서 하셨다는 뜻이지만, 우리가 하나님과의 관계에 아무것도 기여하지 않은 소비자가

---

29. 달라스 윌라드(Dallas Willard), 잊혀진 제자도(The Great Omission: Reclaiming Jesus's Essential Teachings on Discipleship)(New York: HarperCollins, 2006), 61.

되었다는 의미는 아닙니다. 이 잘못된 생각은 많은 그리스도인들로 하여금 무간섭 제자도 방식을 따르게 하고 그 결과는 영적 성장과 성숙의 부족입니다. 따라서 달라스 윌라드(Dallas Willard)는 "예수께서 '나를 떠나서는 너희가 아무 것도 할 수 없음이라(요 15:5)'라고 말씀하신 것을 알고 있다. 하지만 그 구절의 뒷면에는 '아무것도 하지 않으면 그것은 나를 떠난 것이다'라고 믿어야 한다. 이것은 우리가 가장 듣기 힘든 부분이다"라고 했습니다.[30] 우리는 예수 그리스도가 본을 보여 주신 행동, 훈련, 활동을 중심으로 삶을 재정리함으로써 하나님의 왕성한 은혜에 협력합니다. 더욱이 우리는 성결을 얻기 위해 참여하는 것이 아니라 단순히 "더 열심히 노력"하는 것만으로는 할 수 없는 일을 훈련을 통해 성취하기 위해 참여합니다.

4. 영적 성장은 공동의 노력입니다. 서구의 독자들은 은혜의 여정에 있어서 공동성을 강조하는 바울의 설명에 놀라는 경향이 있지만, 많은 비서구 문화는 이미 우리가 혼자서 길을 여행할 수 없다는 것을 알고 있습니다. 교회와 관련된 그의 최고의 글을 다시 읽어보십시오. "그에게서 온 몸이 **각 마디를 통하여 도움을 받음으로** 연결되고 결합되어 각 지체의 분량대로 역사하여 그 몸을 자라게 하며 사랑 안에서 스스로 세우느니라"(엡 4:16, 강조 추가). 이 구절이 개인주의적 영성을 포함하여 개인주의의 개념을 강력하게 지지하는 문화에서 예상치 못했을 것이지만, 바울은 우리의 제자양육이 결코 혼자만의 행위로 의도되지 않았다는 사실에 대해 당당합니다. 신체의 각 "지체"(개인)는 중요하고 고유한 기능이 있지만 모든 개인의 작업에는 다른 지체가 성장하도록 돕는 복합적인 목적이 있습니다.

이것은 거룩한 시너지(Synergy)입니다. "시너지"는 헬라어 '시너고스(synergos)'에서 나왔는데 "함께 일함"을 의미합니다. 전체가 함께 하는 작업이 각 부분의 개인별 합계보다 더 크고, 또는 개인별 부분의 합계가 혼자서 할 수 있는 것보다 더 큰 영향을 발휘한다고 합니다. 시너지는 자연,

---

30. 윌라드(Willard), "영성형성: 이것은 무엇이며 어떻게 행하는가"("Spiritual Formation: What It Is, and How It Is Done"), n.d., http://www.dwillard.org/articles/individual/spiritual-formation-what-it-is-and-how-it-is-done

사업, 스포츠 및 가족 관계에서 발견됩니다. 그것은 상호 의존, 호혜, 상호성의 힘입니다.[31]

상호성의 유명한 예는 얼룩말과 소등쪼기새(oxpeckers)라고 하는 아주 작은 새의 관계입니다. 소등쪼기새는 일종의 해충 방제 역할을 하는, 얼룩말의 등에 있는 진드기를 먹습니다. 소등쪼기새는 또한 겁에 질릴 때 쉿하는 소리를 내며 포식자가 근처에 있을 때 얼룩말에 대한 경보 시스템 역할을 합니다. 얼룩말은 새들에게 많은 음식을 공급합니다. 새들은 얼룩말에게 좋은 위생 상태를 제공하고 건강 관리를 해 줍니다. 이 두 동물은 여러 면에서 완전히 다르지만 번성하려면 서로를 필요로 합니다.

시너지는 성장하면서 완전한 사랑(헬라어로 아가페)으로 가득 찬 건강한 몸의 척도이기도 합니다. 책임감, 격려, 책망, 중보기도, 후원은 다른 사람들을 떠나서는 불가능합니다. 우리는 함께 거룩한 백성이 됩니다. 우리는 공동체 안에서 가장 분명하게 하나님의 음성을 듣습니다. 사랑은 실제 관계적 상황에서 살기 전까지는 피상적입니다. 은혜의 여정은 팀 이벤트입니다![32]

여기에 제자도 안에서의 성장을 위한 두 가지 구별되는 방정식이 나란히 있습니다.

일반적인 방정식 :

구원 + 시간 + 개인의 의지 = 영적 성장

성결 방정식 :

은혜 + 하나님과의 협력 + 기독교 공동체 = 그리스도를 닮음

그리스도인들은 은혜 안에서 자라도록 부르심을 받았는데, 이것은 우리가 예수님을 닮아 가야 한다는 것과 같은 내용입니다. 우리는 그리스도 안에서 성장할 수 있도록 그리스도로부터 새 생명을 받습니다. 하나님은

---

31. 상호 의존성에 대한 성경적 이해에 관한 자세한 내용은 교회에 대한 비유로서의 인간의 몸에 관한 바울의 신약 가르침(고린도전서 12장, 에베소서 4장)을 참조하라. 상호성에 대한 자세한 내용은 그리스도인의 결혼에 대한 그의 가르침을 참조하라(에베소서 5장).

32. 화이트(White), 교회성장, 다시 생각해 봅시다(Rethinking the Church), 61. 또한 이 책 제 5장에서 강조한 그리스도인의 상호책임 및 지속케 하시는 은혜를 보라.

다시 만드시고 개조하십니다. 이것이 성결케 하시는 은혜입니다. 이것을 루이스(C. S. Lewis)보다 더 기발하게 말하는 사람은 본 적이 없습니다.

> 여러분 자신이 살아 있는 집이라고 상상해 보라. 하나님이 오셔서 그 집을 다시 지으려 하신다. 처음에는 그가 하는 일이 이해가 될 것이다. 하수구를 고치고 지붕에 새는 곳들을 막는 등의 일들을 하신다. 이런 것들은 필요한 일이므로 놀랄 필요가 없다. 그런데 얼마 안 가 집을 마구 때려 부수기 시작하는데, 지독하게 아플 뿐 아니라 도무지 이해할 수가 없다. 도대체 그는 무슨 짓을 하고 있는 것인가? 설명하자면 이렇다. 그는 여러분의 생각과 영 다른 집을 짓고 계신다. 여기에 한쪽 벽을 새로 세우고 저기에는 바닥을 더 깔고 한 층을 새로 만들고 마당을 만드신다. 여러분은 보기 좋은 아담한 오두막집을 생각했다. 그런데 그는 궁전을 짓고 계신다. 그리고 그는 친히 궁전에 살 작정이시다.[33]

하나님은 우리를 구원하실 뿐만 아니라 우리를 변화시키십니다. 그는 우리가 있는 곳에서 우리를 받아들이지만 그곳에 우리를 버려두지 않으실 만큼 우리를 사랑합니다. 그는 재구상하고, 재건하고, 개조합니다. 우리가 온전히 헌신하고 아버지 하나님께 온전히 복종할 때 성령 하나님은 우리의 마음을 깨끗하게 하시고 우리를 성자 예수님의 형상으로 다시 만드십니다. 우리는 생각과 말과 행동에서 그리스도를 닮게 됩니다. 이제 우리 집은 새로운 관리하에 있습니다.

"거룩함은 예수 그리스도의 통제로부터 벗어난 삶의 구석이 하나도 없다는 것을 의미합니다."[34] 우리는 운전대에서 손을 떼고 예수님께서

---

33. C.S. 루이스(C. S. Lewis), 순전한 기독교(Mere Christianity)(New York: Touchstone, 1996), 175-76.
34. 데니스 킨로(Dennis Kinlaw)가 1991년 신학대학원 예배 설교에서 이 표현을 사용하는 것을 처음 들었다. 또한 내 기억으로는 하나님께서 내 삶을 통제하시는 것이 하나님 편에서의 조작에 대한 욕망이 아니라 친밀함에 대한 갈망이라는 것을 처음으로 이해했다. 내 생각에 킨로(Kinlaw)는 2017년 소천할 때까지 20세기 후반과 21세기 초 최고의 성결 설교자 중 한 명이었다.

책임지고 명령을 내리도록 맡깁니다. 우리는 이렇게 말합니다. "당신은 나의 구세주이셨습니다(구원). 이제 나는 무릎을 꿇고 당신을 나의 주님으로 삼습니다(성화)." 우리는 거룩한 목적을 위해 구별되고 하나님의 완전한 사랑이 우리를 통해 흐르기 시작합니다. 우리는 온 마음과 생각과 힘을 다하여 하나님을 사랑하기 시작하고 우리 이웃을 우리 자신처럼 사랑하기 시작합니다.

정의된 온전 성결

온전 성결이 의미하는 것이 무엇인지에 대해 마지막으로 살펴보겠습니다. "온전하다"는 것은 우리 안에 있는 하나님의 완성된 일을 의미하는 것이 아니라 매우 진정한 의미에서의 완전성입니다. 하나님은 우리 안에서, 그리고 우리 위에 계속 역사하십니다. 따라서 우리 삶의 일생일대의 걸작은 우리의 영화(glorification)를 포함한 만물의 마지막 부활 때까지 계속됩니다.[35] 우리는 온전하며, 성결케 하시는 은혜는 그 순간에 우리가 온전해 질 수 있는 만큼 온전케 만듭니다. 우리의 삶은 매우 아름답고 화려한 샬롬으로 특징지어집니다. 샬롬은 하나님께서 창조 과정에서 구상하시고 우리 삶 속에 빚으신 것입니다. 샬롬은 분명히 평화를 의미하지만 그것은 또한 온전함, 완전함, 일치, 그리고 우리가 창조된 목표(텔로스)와 조화를 이루는 모든 부분을 의미합니다.

우리가 이미 논의했듯이 온전 성결은 자기 중심적 존재(육체)에 대한 평생토록 끊임없는 도기이며 하나님의 방법과 뜻에 대해 저항하지 않는 지속적인 순종입니다. 예수님께서 "아무든지 나를 따라오려거든(제자) 자기를 부인하고(육체) 날마다 제 십자가를 지고 나를 따를 것이니라"(눅

---

35. "영광"은 죽음 이후의 신자의 상태와 만물의 마지막 부활을 말한다. "그리스도가 다시 돌아 오실 때 그분의 영광을 영원히 누리기 위해 그리스도와 함께 부활하여 그분의 완전한 모습으로 변모하여 하나님의 은혜를 통해 우리는 궁극적으로 영광을 얻게 될 것이다." 그레이트하우스(Greathouse)와 더닝(Dunning), 웨슬리신학개론(An Introduction to Wesleyan Theology), 54. 추가적으로, 다이앤 르클럭(Diane LeClerc)은 "사람이 죄의 현존으로부터 옮겨지는" 최종 성결이 영광이라고 언급한다. 르클럭(LeClerc), 기독교 성결의 발견, 318.

9:2)라고 정확히 말씀하셨습니다.[36] 그러한 십자가 중심 생활의 결과는 하나님과 이웃에 대한 완전한 사랑으로 나타나는 그리스도를 닮음입니다.

나사렛성결교회의 열번째 신조는 성결을 분명하게 표현합니다.

우리는 온전 성결은 중생 이후에 일어나는 하나님의 역사이고, 그로 인해서 신자는 원죄 또는 부패성으로부터 해방되어 하나님께 완전히 헌신하는 상태에 들어가고, 또 사랑의 거룩한 순종이 완전해지는 것을 믿는다.

온전 성결이란 성령세례 혹은 성령의 충만케 하심에 의하여 이루어지며 죄에서 마음이 깨끗해지고 성령이 내주하시는 임재 체험을 하게 되며 믿는 자에게 그의 생활과 봉사를 위한 능력을 주시는 것이다. 온전 성결은 예수의 보혈에 의해 제공되며 완전한 헌신이 있은 후 믿음을 통한 은혜에 의해 순간적으로 이루어진다. 이 은혜의 역사와 상태에 대해서는 성령께서 증거하신다. 우리는 온전 성결의 은혜가 은혜 안에서 그리스도를 닮은 제자로 성장하게 하려는 하나님의 역동적 의지를 포함하고 있음을 믿는다. 그러나 이 역동적 의지는 의식적으로 양육되어야 하며, 인격이나 성품에서 그리스도를 닮아가는 영적인 성장 및 개선의 필수 조건과 과정에 세심한 주의를 기울여야 한다. 그와 같은 의도적 노력이 없으면 그리스도인으로서의 증거가 손상되고 은혜 자체가 좌절되어 마침내 잃어 버려진다.

은혜의 수단, 특히 친교, 훈련, 교회의 성례전에 참여함으로써,

---

36. 온전 성결이 자기(육체)를 부인하고 십자가를 지는 일생을 의미한다는 생각과 관련하여 "초기 성결 운동의 남부 여러 분파들 중 하나의 지도자인 J. O. 맥클러칸(J. O. McClurkan)은 성화된 삶의 이 후자 측면을 '자아에 대한 더 깊은 죽음'이라고 언급했으며, 이는 실제로 그리스도인의 삶 전반에 걸쳐 발생해야 하는 것이다. 경험을 통해, 그는 모든 삶이 한 순간의 경험으로 압축될 수는 없다고 인식하였다." 더닝(Dunning), 신적형상추구(Pursuing the Divine Image), 전자책판(Kindle Location) 853. 이에 대한 추가 논의는 윌리엄 J. 스트릭랜드(William J. Strickland) 및 H. 레이 더닝(H. Ray Dunning)의 J.O. 맥클러칸: 그의 삶, 그의 신학, 그리고 그의 저술 선집(JO McClurkan : His Life, His Theology, and Selections from His Writings), (Nashville : Trevecca Press, 1998)을 참고하라..

신자는 은혜 안에서, 그리고 전심으로 하나님과 이웃을 향한 사랑 안에서 성장한다.[37]

성결케 하시는 은혜에 대한 논의를 다음과 같은 간단한 질문으로 끝내려고 합니다. 무슨 목적을 위한 것입니까? 이 갈망하는 거룩함이 필요한 이유는 무엇입니까? 그리스도를 닮은 삶의 증거는 무엇입니까?

완전한 사랑으로 다시 돌아갑니다. 온전 성결은 도덕성의 정점이 아닙니다. 그것은 자기 희생적 사랑의 가장 높은 형태입니다. 온전한 성결은 우리 안에서 완성된 거룩한 사랑입니다. 웨슬리가 온전한 성결을 완전한 사랑으로 정의했다는 것은 잘 알려져 있습니다. 그것은 거룩함에 대한 그의 가르침의 단일한 내용이었습니다. 밀드레드 뱅스 와인쿱(Mildred Bangs Wynkoop)은 이 점을 다음과 같이 주장합니다. "웨슬리는 기독교 진리의 모든 부분에 대한 토론을 사랑으로 이끌어 갔다. '하나님은 사랑이시다.' 속죄의 모든 면은 사랑의 표현이다. 거룩함은 사랑이다. '종교'의 의미는 사랑이다. 그리스도인의 완전은 사랑의 완전이다. 인간을 향한 하나님의 모든 발걸음과 하나님께 대해 응답하는 사람의 발걸음은 사랑의 양상이다."[38] 요점을 결론짓기 위해 와인쿱은 다음과 같이 덧붙입니다. "그리스도인의 거룩함이 우리의 레종데트르(raison d'être-존재 이유)라고 말하는 것은 우리가 사랑의 모든 것에 헌신한다고 말하는 것이다. 그것은 참으로 큰 질서이다."[39] 요컨대, 사랑은 문제의 핵심입니다. 사랑보다 작은 것들은 거룩한 삶의 "존재 이유"에 대한 높은 점수에 도달할 수 없습니다. 사랑이 없는 온전 성결에 대한 이해는 냉혹하고, 율법적이며, 비판적이며, 불경건합니다. 아가페(기독교적 사랑)는 다른 모든 자연적 사랑을 적절한

---

37. 나사렛성결교회(Church of the Nazarene), 장정(Manual): 2017-2021, "X. 그리스도인의 거룩과 온전 성결"("X. Christian Holiness and Entire Sanctification") (Kansas City, MO: Nazarene Publishing House, 2017), 31-32.

38. 밀드레드 뱅스 와인쿱(Mildred Bangs Wynkoop), 사랑의 신학: 웨슬리안주의의 역동성(A Theology of Love: The Dynamic of Wesleyanism (Kansas City, MO: Beacon Hill Press of Kansas City, 1972), 36.

39. 와인쿱(Wynkoop), 사랑의 신학(A Theology of Love), 36.

순서로 유지하는 사랑입니다.[40] 아가페는 다른 모든 욕구를 안내, 해석 및 제어합니다. 우리는 아가페 안에서 자라나기를 독려받기 때문에 이것이 주어질 뿐 아니라 성장된다는 것을 이해할 수 있습니다. 그것은 선물로 주어지며 성령의 지속적인 임재로 우리 안에서 자랍니다. 노력이 필요하지만 은혜가 주어집니다.

우리는 찾으시는 은혜(선행은총)를 통해 거룩한 사랑으로 이끌립니다. 우리는 구원하시는 은혜를 통해 거룩한 사랑에 사로잡힙니다. 우리는 성결케 하시는 은혜를 통해 거룩한 사랑으로 정화되고 구별됩니다. 우리가 거룩한 사랑으로 충만할 때 은혜 안에서 자랍니다. 이것이 우리가 그리스도 안에서 충만한 삶을 경험하는 방법입니다.

---

40. 사랑에 대한 네 가지 헬라어 용어 에로스(eros), 스톨게(storge), 필리아(philia) 및 아가페(agape)에 대한 깨달음을 주는 요약을 보려면 "사랑과 교제(Love and Fellowship)"라는 제목 아래 쓴 와인쿱(Wynkoop)의 짧은 주석을 적극 권장한다. 그녀는 아가페를 제외한 모든 것이 자연스러운 사랑이며 거의 노력이 필요하지 않다고 주장한다. 아가페는 사랑의 다른 차원일뿐만 아니라, 그리스도의 충만함으로만 가능해진 삶의 질서이기도 하다. "그러므로 우리가 기독교 사랑이라고 부르는 사랑은 다른 사랑을 대신할 수 없으며 그 사랑에 추가되는 것도 아니다. 그러나 그것은 그리스도를 중심으로 한 사람 전체의 특성이다. (종종 가장 미묘하고 교활한 방식으로) 개인적인 이익을 위해 사용하기 때문에 다른 모든 관계에 결함이 있는 왜곡된 자기 지향은 성령의 지속적인 임재에 의해 온전해진다. 이 관계에서 다른 모든 삶의 관계는 강화되고 아름답게 되며 거룩해진다." 와인쿱(Wynkoop), 사랑의 신학(A Theology of Love), 38..

5
지속케하시는 은혜

능히 너희를 보호하사 거침이 없게 하시고
너희로 그 영광 앞에 흠이 없이 기쁨으로 서게 하실 이
곧 우리 구주 홀로 하나이신 하나님께
우리 주 예수 그리스도로 말미암아
영광과 위엄과 권력과 권세가
영원 전부터 이제와 영원토록 있을지어다 아멘
(유 1:24-25)

    모든 그리스도인의 삶에는 무언가가 깨달아지기 시작될 때가 있습니다. 때때로 즉시 일어나기도 하고 때로는 은혜의 여정을 따라 훨씬 뒤에 발생합니다. 즉, 내 삶의 관점들은 그리스도의 주권에 굴복하지 않은 채로 남아 있는 것입니다. 리모델링 중인 나의 집에는(앞서 언급한 C. S. 루이스의 예화) 하나님의 사역으로부터 폐쇄된 채 남아있는 방들이 있습니다.

    하나님은 우리의 거룩함을 위해, 점점 더 예수님을 닮아가도록 만드는 일에 끊임없는 열정을 가지셨기에 성령님을 통해 묻기 시작합니다. "모든 것이 내 것인가? 네 모든 부분이 내게 속했느냐? 네가 뭔가 숨기고 있는 것이 있진 않느냐?"

    우리의 첫 번째 대답은 아마도 "당신은 모든 것을 가질 수 있지만 (   ) 만은 안됩니다. 저는 당신께 나의 99%를 주었습니다. 나 자신을 위해 내가 갖고 있어도 되는 것이 전혀 없습니까? 나의 전부를 기대하십니까?"일

것입니다.[1]

우리 제자도의 궁극적인 최종 목표(텔로스)를 성취하기 위한 오래참는 사랑과 변함없는 신실함으로 예수님의 영은 우리에게 속삭입니다. "그래, 네 모든 것! 백퍼센트야! 숨기는 것이 없어야 해!"

전적으로 하나님의 것이 된다는 것은 하나님이 약속하신 모든 삶에 참여하는 것입니다. 우리의 자아가 하나님께 넘겨질수록 더 큰 평화와 기쁨이 따릅니다. 오스왈드 챔버스(Oswald Chambers)는 영생은 하나님으로부터의 선물이 아니라 하나님 자체의 선물(하나님의 임재 - 역자 주)이라고 믿습니다. 더 나아가 예수님께서 부활하신 후 오순절을 앞두고 제자들에게 약속하신 영적 능력은 성령의 은사가 아니라 성령이었습니다(행 1:8). 그 결과는 하나님께 양도될 때마다 증가하는 풍요로운 생명의 끝없는 공급입니다. 다시 말하지만, 챔버스의 통찰은 깨달음을 줍니다. "가장 약한 성도라도 기꺼이 '내려놓으려' 할 때 하나님의 아들의 신적 권능을 경험할 수 있다. 우리 자신의 힘은 우리 안에 있는 예수님의 생명을 감소시킬 뿐이다. 우리는 계속 내려놓아야 한다. 천천히, 하지만 확실하게 하나님의 위대하고도 충만한 생명이 우리에게 침투하여 모든 부분을 관통할 것이다."[2]

인간의 마음은 죄와 불순종의 장소이지만 은혜와 거룩함의 장소이기도 합니다. 찾으시는 은혜 안에서 하나님은 우리의 마음을 얻기를 구하십니다. 구원하시는 은혜 안에서 하나님은 우리의 마음을 사로잡으십니다. 성결케 하시는 은혜 안에서 하나님은 우리의 마음을 깨끗하게 하십니다. 우리의 성향은 종의 마음에서 자녀의 마음으로 이동합니다. 우리는 순종하지 않았을 때 일어날 수 있는 일에 대한 두려움 때문에 하나님을 섬기는 것이 아님을 알게 됩니다. 대신 우리는 순종하고 싶은 갈망을 주는 사랑의 마음을

---

1. "'오, 내 인생에서 그게 별로 중요하지 않아'라고 생각하지 않도록 유의하라. 그것이 당신에게 그다지 중요하지 않다는 사실은 그것이 하나님께 매우 중요하다는 것을 의미할 수 있다. 하나님의 자녀는 그 어떤 것도 사소한 문제로 간주해서는 안된다. 우리 삶의 어떤 것도 하나님께는 그저 사소한 세부 사항이 아니다." 챔버스(Chambers), 주님은 나의 최고봉(My Utmost for His Highest), 76-77.

2. 챔버스(Chambers), 주님은 나의 최고봉(My Utmost for His Highest), 74-75.

받았습니다. 하지만 명심하십시오. 은혜의 여정 내내 그리스도의 요구와 주장은 우리 모두를 위한 것입니다. 완전하고, 완벽하며, 전체적입니다.

거룩은 거룩한 목적을 위해 구별되는 것을 의미하며, 또한 예수의 영으로 충만하여 우리의 사고 방식, 동기 및 태도가 그리스도를 닮는 것을 의미합니다. 자기를 부인합니다. 즉, "나"에 대한 권리를 포기합니다. 우리는 십자가를 집니다. 이것은 우리의 권리를 예수님께 양도한다는 것을 의미합니다. 여기에 놀라운 역설이 있습니다. "나"에 대한 우리의 권리를 포기하고 우리의 권리를 예수님에게 양도함으로써 우리는 생명을 얻습니다. 그리스도 안에서 생명을 잃을 때 우리는 그것을 얻습니다. 하나님에게 드리지 않은 것은 결국 잃어버립니다. 그리고 하나님께 드린 것은 빼앗길 수 없습니다. "이는 너희가 죽었고 너희 생명이 그리스도와 함께 하나님 안에 감추어졌음이라"(골 3:3). 헌신은 총체적입니다.

하나님께 대한 우리의 헌신은 우리의 성화의 근원이 아닙니다. 우리는 우리 자신을 성화시킬 수 없습니다. 우리는 우리 자신을 거룩하게 만들 수 없습니다. 예수님의 영이 이것을 합니다. 예수님처럼 되고 싶은 것만으로는 충분하지 않습니다. 갈망은 충분하지 않으며 모방은 한계가 있을 것입니다. 우리 안에 예수님의 영이 있어야 합니다. 바울이 말했듯이 그리스도의 형상이 우리 안에 이루어져야 합니다(갈 4:19).

여러 면에서 바리새인들은 예수님 당시 시대의 최고의 사람들이었습니다. 그들은 도덕적이고 깨끗했으며 훌륭했습니다. 그럼에도 불구하고 그들은 선함의 초점을 행동 수정에 두었고, 그들의 마음을 전혀 다루지 않는 죄 관리 시스템을 통해 거룩하려는 시도를 하였습니다. 그들은 경건하고 순수한 삶을 영위하기를 원했지만 자기 부인은 자기 잇속만 차리는 것으로 모습을 드러냈고, 그들의 십자가 짊어짐은 오히려 그 과정 속에서 사람들을 덜 사랑하도록 만들었습니다. 사람은 내면이 변화되지 않은 채 외양을 가꿀 수 있을 것입니다. 하지만 앞서 언급했듯이, 당신의 마음 속에 있는 것은 그것이 무엇이든지 결국 밖으로 드러나게 될 것입니다. 자기 주도적 노력과 육체로 거룩한 삶을 영위하려는 바리새인 그리스도인은 예수님처럼 되기를 원치 않기 때문에 항상 완전한 사랑에 미치지 못할 것입니다. 예수님의 영이 우리 안에 있어야 합니다. 이것이 마음의 거룩함의 핵심입니다. 은혜는 권한을 부여하고, 가능하게 하고, 거룩한 삶을 영위하기 위해 필요합니다.

달라스 윌라드는 자기의 주도를 통해 예수님을 본받으려는 어떤 시도보다 거룩한 삶이 실제로 더 많은 은혜를 요구한다고 설명합니다. "정말로 은혜를 사용하고 싶다면 거룩한 삶을 살아 가십시오. 진정한 성도는 747 비행기가 이륙시 연료를 태우는 것처럼 은혜를 태웁니다. 예수님께서 하신 일과 말씀을 일상적으로 하는 사람이 되십시오. 당신은 죄를 짓는 것보다 거룩한 삶을 영위함으로써 훨씬 더 많은 은혜를 소비하게 될 것입니다. 왜냐하면 당신이 하는 모든 거룩한 행위는 하나님의 은혜로 지켜져야 하기 때문입니다. 그리고 그러한 지킴은 우리가 받을 자격이 없는, 전적으로 행동하시는 하나님의 은혜입니다."[3] 우리는 하나님의 지속케 하시는 은혜, 즉 우리가 넘어지지 않게 지켜 주시는 은혜를 끊임없이 유지해야 합니다(유 1:24, 현대인의 성경).

그렇다고 해서 지속케 하시는 은혜에 우리가 참여할 필요가 없다는 것은 아닙니다. 4장에서 봤듯이, 은혜는 우리가 스스로 할 수 없는 모든 것을 하나님이 하신다는 것을 의미하지만, 우리가 그 관계에 아무것도 기여하지 않는 "은혜 소비자"가 된다는 의미는 아닙니다. 우리는 예수님이 모델이 되신 활동, 훈련, 습관을 중심으로 우리의 삶을 재정리함으로써 하나님의 적극적인 은혜에 협력하게 됩니다. 우리는 성결을 얻기 위해 참여하는 것이 아니라, 더 열심히 노력해서 할 수 없는 일을 훈련을 통해 성취하기 위해 참여합니다.

부여된 의

전가된 의와 부여된 의의 차이에 대한 몇 마디가 도움이 될 것입니다. 다이앤 르클럭(Diane LeClerc)에 따르면, 전가된 의는 "그리스도인에게 인정된 예수님의 의로서 그리스도인을 의롭게 합니다. 하나님은 그리스도의

---

3. 윌라드(Willard), 잊혀진 제자도(The Great Omission), 62.

의를 통해 사람을 보시지만, 이 의는 하나님에 의한 개인의 내적 변화와 정결을 말하지 않습니다." 반면에 부여된 의는 "개인이 새로 태어나는 순간에 주신 하나님의 은혜로운 선물입니다. 하나님은 우리를 거룩하게 만드는 과정을 시작하십니다."4

둘 사이의 차이는 생각만큼 미묘하지 않습니다. 하나는 의로 인정되는 것입니다. 다른 하나는 내재하는 주어진 의입니다. 부여된 의는 그리스도의 제자가 거룩함, 성결, 완전한 사랑을 위해 노력할 수 있게 만들고 능력을 부여하는 하나님의 선물로 이해될 수 있습니다. 더 정확하게, 티모시 테넌트(Timothy Tennent)는 그 차이를 잘 포착합니다. "그리스도인으로서 우리는 하나님이 죄인을 취하시고 그리스도의 의로 입히신다는 것을 안다(전가된). 그런 다음 하나님은 우리 안에서 모든 선한 일을 하시므로 한 때 우리에게 전가되었던 의가 즉시 우리에게 계속 증가하는 방식으로 부여된 것이다."5

은혜의 낙관주의

부여된 의는 변화의 잠재성에 대해 요한 웨슬리를 완전히 낙관적으로 만든 요인입니다. 원죄의 파괴성을 충분히 인식한 웨슬리는 인간의 본성에 대해 낙관적이지 않았습니다. 그러나 그는 하나님의 은혜가 말 그대로 삶을 안팎으로 변화시킬 수 있다는 것을 철저히 확신했습니다.

제 친구 웨슬리 트레이시(Wesley Tracy)가 이것을 "은혜의 급진적 낙관주의"라고 언급하는 것을 들었습니다. 그는 나에게 예를 들어 설명을

---

4. 르클럭(LeClerc), 기독교 성결의 발견(Discovering Christian Holiness), 312. 이것이 요한 웨슬리가 중생을 초기 성화라고 언급한 이유이다. 다른 것을 부정하지는 않지만, 개혁주의 전통은 전가된 의를 강조하는 경향이 있는 반면, 웨슬리안-성결 신학은 부여된 의에 중점을 둔다.

5. 티모시 테넌트(Timothy Tennent), "의로움을 지향하는 삶: 시편 26편"("Living in a Righteousness Orientation: Psalm 26") Seedbed Daily Text, September 1, 2019, https://www.seedbed.com/living-in-a-righteousness-orientation-psalm-26/. 테넌트는 덧붙여 말했다: 오직 새 피조물에서만 이것이 완전하게 이루어지지만 성화는 거룩하게 구별되는, 모든 신자의 부르심이다. 그래서 온 마음으로 '무리가운데서' 주님을 송축할 수 있다.

했습니다: 교회 뒤쪽으로 걸어가는 어린 소녀가 있다고 상상해보십시오. 그녀는 11살이나 12살쯤 되었습니다. 옷은 더럽고 깔끔하지 않습니다. 머리카락은 가늘고 칙칙합니다. 마치 며칠 이상 목욕을 전혀 하지 않은 것처럼 퀴퀴한 냄새가 납니다. 당신은 그녀의 배경을 조금은 알고 있습니다. 학업은 지지부진하여 늘 뒤처져서 낙제점을 받고 있습니다. 당신은 그 소녀의 머리에 문제가 있는 것이 아니라 집에서 일어나는 일에 문제가 있음을 상당히 확신합니다. 그녀는 친아빠가 누구인지 모르고 그녀의 엄마는 동거했던 남자 친구가 여러 명 있었습니다. 닫혀진 집 안에서 아동 학대가 있었다는 소문이 파다했으며 그녀의 팔에 든 멍이 그것을 확증하는 것 같습니다.

트레이시(Tracy)는 "행동주의자는 그 어린 소녀를 보고 '그 아이는 평생 상처가 생각날 거야. 영원히 엉망이지. 어떤 것들은 구제할 수 있겠지만 그녀는 항상 절뚝거리며 걸을 것이고, 그녀의 환경이 달랐었다면 결코 지금의 그 모습이 될 수 없었을 거야'라고 말할 것입니다"라고 했습니다. 그러나 트레이시는 계속해서 말했습니다. "은혜의 급진적인 낙관주의를 믿는 사람은 뭐라고 말할지 아십니까? '그녀에게 무슨 짓을 했든지, 그녀가 자기 자신에게 무엇을 하든지 그 어린 소녀는 복음의 소망을 가지고 있어. 하나님은 그녀가 있는 곳으로 가서 하나님께서 원하는 대로 그 아이를 만들어 주실 수 있지.'" 웨슬리는 이렇게 말할지도 모릅니다: "런던 전체에서 가장 끔찍한 최악의 사람을 보여 주시면, 사도들 자신이 가지고 있던 은혜를 그 사람에게서 보여 드리겠습니다."

낙관주의는 우리의 죄악 상태를 진지하게 받아들이지만, 누구든, 어디에서든, 어떤 것이든 취하여 하나님이 원하시는 그런 사람으로 만드는 은혜의 능력을 더 진지하게 취급합니다.[6] 하나님의 은혜가 변화시키고 치유하고 다시 온전하게 만들 수 없는, 너무 고통스러운 고통도 없고, 너무 깊은 상처도 없으며, 너무 끔찍한 죄도 없습니다.

---

6. 웨슬리가 말했듯이, 그러한 낙관주의를 부정하는 것은 죄의 힘을 은혜의 힘보다 더 크게 만들 것이다. 이것은 웨슬리 성결 신학에서는 생각할 수 없는 선택이다. 르클럭(LeClerc), 기독교 성결의 발견(Discovering Christian Holiness), 27.

용서와 능력

은혜의 여정은 전 인격의 변화입니다. 의가 부여됩니다. 거룩함이 주어졌습니다. 그것은 "더 열심히 노력"하거나 "정신을 차리라"가 아니라 역량있는 삶을 살게 만드는 진정한 변화입니다. 다르게 말하면 하나님의 은혜는 용서와 능력을 위해 필요합니다. 죄 사함(용서)이 필요하고, 하나님을 영화롭게 하는 삶을 살기 위해서는 힘(능력)이 필요합니다. 다른 하나가 없으면 위험한 극단으로 이어집니다. 만일 우리가 "하나님은 우리를 용서해 주시겠지만 우리가 흠있는 삶을 살아가는 것에 대해서는 아무런 신경을 쓰지 않으셔. 왜냐하면 결국 모든 것이 은혜로 덮여지기 때문이지"라고 말한다면 우리는 도덕률폐기론(관율법주의)의 위험에 처하게 됩니다. 반대로 은혜가 우리의 죄를 용서하는 데만 필요하고 나머지 삶은 우리에게 달려 있다고 하면 율법주의의 위험에 처하게 됩니다. 둘 다 은혜의 여정을 가로막는 위험한 극단입니다. 사도 바울은 "그러므로 나의 사랑하는 자들아 너희가 나 있을 때뿐 아니라 더욱 지금 나 없을 때에도 항상 복종하여 두렵고 떨림으로 너희 구원을 이루라. 너희 안에서 행하시는 이는 하나님이시니 자기의 기쁘신 뜻을 위하여 너희에게 소원을 두고 행하게 하시나니"(빌 2:12-13)라고 했습니다. 우리의 영적 성장을 책임지는 사람은 누구입니까? 우리의 일입니까, 아니면 하나님의 일입니까? 바울의 대답은 '둘 다'이고 그것은 모순되지 않습니다.

극단적 율법주의를 생각해 보십시오. 가장 엄격한 신학적 정의의 율법주의는 구원을 위해 규칙, 규정 및 특정 행동 규범에 대한 순종이 필요하다는 것을 지나치게 강조하는 것입니다. 실제로 율법주의는 하나님께서 예수님의 십자가를 통해 우리의 구원을 이루셨다는 것을 알고 있지만 그것이 우리 삶에서 실현되는지 여부는 우리가 많이 기도하는지, 매일 성경을 읽는지, 특정한 사람이나 장소를 조심하며 피하는지 여부에 달려 있다고 말합니다. 율법주의의 핵심은 하나님만이 하실 수 있는 일을 스스로 하려는 것입니다. 규칙을 지키기 위해 노력한 사람의 결과는 은혜, 평화 또는 확신이 거의 없는, 엄청난 양의 죄책감, 두려움, 좌절 및 불안감입니다. 그것은 은혜없는 제자도이며, 극단적으로 받아 들여지게 되면 독선적인 인본주의와 거만한 태도가 됩니다. 율법주의자들은 자신에 대한 기대치가 높지만 다른 모든 사람에 대해서는 더 높은 기준을 가지고 있기 때문에 매력적이지 않고 교회에서 조금 멀어진 사람들을 더 쫓아내 버립니다.

율법주의와 대조가 되는 것은 극단적 도덕률폐기주의(Antinomianism)입니다. 도덕률폐기주의는 "반대"를 의미하는 anti와 "법"을 의미하는 nomos의 두 헬라어 단어에서 파생된 전문 용어입니다. 합치면 무법의 개념을 나타냅니다. 그리스도인이 선행이나 우리 자신의 행동이 아니라 은혜로만 구원을 받는다는 것을 주장하는 데 많은 시간을 보냈고 이것이 진리이지만, 이 진리가 우리를 도덕적, 영적 의무에서 해방시키지는 않습니다. 실제로 도덕률폐기주의자들은 이렇게 말합니다. "은혜가 풍성하니까 더 죄를 지어서 더 많은 은혜를 받을 수 있지 않겠는가? 나는 은혜로 덮여 있기 때문에 어떤 윤리적 또는 도덕적 기준을 따를 의무가 없다. 나는 부담스러운 책임에서 해방되었다. 사랑은 모든 것을 덮는다." 비논리적이며 비실용적으로 들릴지 모르지만 일부 그리스도인들의 사고 방식입니다. "진지한 헌신이나 자기 희생을 요구하지 말라. 나는 누구의 어깨에도 무거운 영적 부담을 안기는 것을 그만두었다. 왜냐하면 그것은 낡은 죄책감과 율법주의로 이어질 뿐이기 때문이다. 나는 은혜에 빠져 있다."[7] 율법주의자가 아니었던 요한 웨슬리는 도덕률폐기주의적 사고 방식이 율법주의보다 훨씬 더 큰 위험이라고 믿었고 도덕률폐기주의는 완전한 사랑을 평가 절하했기 때문에 모든 이단 중 최악이라고 생각했습니다. 거룩함이 없는 사랑은 자유방임적입니다. 그리고 사랑없는 거룩함은 냉혹합니다.

1751년에 요한 웨슬리는 그의 설교가 너무 율법주의적이거나 너무 자유방임적(도덕률폐기주의)이라는 비난에 대한 응답으로 친구에게 편지를 썼습니다. 그의 대답은 교훈적입니다. "나는 율법이 없는 복음보다 복음없이 율법을 전파하라고 충고하지 않을 것입니다. 의심할 여지없이 둘

---

[7]. 웨슬리 학자인 클리프 샌더스(Cliff Sanders)와 율법주의와 뒤처져서 에 관한 대화에서 샌더스는 흥미로운 지적을 했다. "50년 전 율법주의는 복음주의 교회에게 더 큰 도전이었다. 오늘날 그것은 교회에서 자랐고 사랑으로부터 거룩을 떼어내고 싶어하는 많은 청장년들의 특별한 몸부림이 반율법주의일 가능성이 더 크다."

다 차례대로 설교해야 합니다. 예, 둘 다 한꺼번에, 아니면 둘을 하나로요." 웨슬리는 "둘을 하나로"가 의미하는 바를 요약합니다. "하나님은 당신을 사랑하십니다. 그러므로 그를 사랑하고 순종하십시오. 그리스도는 당신을 위해 죽으셨습니다. 그러므로 죄에 대하여 죽으십시오. 예수님이 부활하셨습니다; 그러므로 하나님의 형상으로 일어나십시오. 그리스도는 영원히 살아 계십니다. 그러므로 영광 중에 그와 함께 살 때까지 하나님을 위해 사십시오. … 이것이 성경적 방식, 감리교도적 방식, 진정한 방식입니다. 하나님께서 우리가 이 길에서 오른쪽이나 왼쪽으로 결코 돌이킬 수 없도록 하시기를 바랍니다."[8]

그렇다면 우리의 구원과 영적 성장은 하나님의 일입니까, 우리의 일입니까? 바울은 "둘 중 하나"가 아니라 "둘 다"라는 것을 분명히 합니다. 온전한 구원은 처음부터 끝까지 하나님의 일입니다. 우리는 하나님의 은혜로 찾아지고, 구원받고, 거룩해지고, 지속케 됩니다. 그럼에도 불구하고 우리는 또한 우리 삶에서 성령의 사역에 협력하기 위해 모든 노력을 기울이도록 거듭해서 권고를 받습니다(눅 13:24; 빌 2:12-13; 딤후 2:15; 히 12:14; 벧후 1:5-7; 3:13-34).[9]

은혜는 용서와 능력을 위한 것입니다. 이것이 지속케 하시는 은혜가 하나님과 인간 간의 파트너십에 있어서 제자도에 기여하는 방법입니다. 하나님이 시작하시고 우리가 응답합니다. 하나님이 부르시고 우리는 듣습니다. 하나님이 인도하시고 우리는 순종합니다. 하나님이 능력을 주시고 우리는 일합니다. "첫째, 하나님은 일하신다. 따라서 당신도 일할 수 있다"라고 웨슬리가 말했습니다. "둘째, 하나님은 일하신다. 그러므로 당신은 일해야 한다."[10]

---

8. 요한 웨슬리(John Wesley), "그리스도를 설교하는 것에 관한 편지"("Letter on Preaching Christ") 웨슬리 설교전집 6권(The Works of the Rev. John Wesley, Volume 6.)

9. 제2장에서 강조한 "하나님께서 우리 안에 행하시는 것을 이루어 가기"을 보라.

10. 요한 웨슬리(John Wesley), "설교 85: 우리 자신의 구원을 이루는 것에 관해서"("Sermon 85: On Working Out Our Own Salvation") 3.2, http://wesley.nnu.edu/john-wesley/the-sermons-of-john-wesley-1872-edition/sermon-85-

자유의지의 필요성

　이 장의 주제는 지속케 하시는 은혜입니다. 이 은혜는 하나님이 우리에게 행하도록 부르신 것을 행할 수 있게 하고 거룩한 삶을 살 수 있게 하는 은혜입니다. 신약성경 유다서의 축복기도 안에는 이 은혜가 우리의 타락을 막고, 마지막 날에 그분 앞에 흠없이 서게 하는 하나님의 능력이라고 말합니다. 그러한 선언은 우리의 제자도에 대한 매우 중요한 진리를 전합니다. 즉, 우리는 은혜에서 떨어질 수 있지만 하나님의 지속케 하시는 은혜가 그럴 필요가 없도록 만들어 줍니다.

　한때 성결에 대한 선의의 설교자들이, 한 사람이 성화되면 다시는 죄를 짓지 않을 것이라고 말했던 때가 있었습니다. 이 선포는 그리스도와 동행하는 것에 열정적이었지만, 온전 성결이 문제를 해결할 것이라는 메시지에 비추어 볼 때, 비틀거리고 넘어지는 것이 가능할 뿐만 아니라, 그것이 어느 정도 잦은 빈도로 이루어진다는 것을 발견한 신실한 기독교인들 사이에서 많은 혼란과 당혹감을 불러일으켰습니다. 그것은 그저 사실이 아닙니다. 그 이유는 우리의 자유 의지가 결코 방정식에서 나오지 않았기 때문입니다. 자유 의지는 관계의 필요성에 기반을 두기 때문에 신자의 삶에 영원히 남아 있습니다. 사랑은 관계적이며 선택은 건강한 관계의 필수 구성 요소입니다. 사실, 하나님의 형상은 우리에게 각인되어 있으며, 그리스도의 충만함으로 회복되고 있는 것은 거룩하고 사랑스러운 관계를 위한 능력입니다.

　창세기의 창조 기록이 이해를 돕습니다. 절대주권적 하나님은 말씀으로 우주를 만드셨습니다. "...있으라." 하나님의 통치는 절대적이며 그의 지배권은 독보적입니다. 그러나 놀랍게도 인간의 자유는 창조의 구조에 얽혀 있습니다. 창조하고 유지하는 하나님의 독보적인 능력을 감안할 때, 이 자유는 예상치 못한 일입니다. 우리가 나중에 알게 되겠지만 인간의 분명한 선택이 허용될 뿐만 아니라 번영하는 하나님의 선한 세상을 돕거나 해칠 가능성도 있기 때문입니다. 전능하신 분은 큰 위험을 무릅쓰고, 우리의

---
onworking-out-our-own-salvation.

선택을 중요하게 여깁니다.

에덴동산에서 주 하나님은 그 남자에게 "선악을 알게 하는 나무의 열매는 먹지 말라. 네가 먹는 날에는 반드시 죽으리라"(창 2:17)고 하셨습니다. 선택할 수 있는 권한이 그 명령 속에 주어졌습니다. 처음에는 이것이 하나님의 불공평성이라고 생각할 수 있습니다. 왜 하나님은 사람들이 할 수 없을 것이라고 미리 생각할 수 있는 일을 명령하실까요? 유혹하기 위한 설정이었습니까? 아닙니다. 하나님은 그들을 유혹하지 않으셨습니다. 그들은 선택권을 받았습니다. 이 둘은 동일하지 않습니다. 명령에는 자유 의지에 대한 인식이 있습니다.[11] 사랑이 관계 속에 존재하기 위해서는 자유로운 의지가 필요합니다.

아내가 나를 사랑하도록 강요당하고 선택의 여지가 없다면, 우리는 다소간 관계를 유지하겠지만 그것은 결혼생활이 아닐 것입니다. 왜일까요? 내가 완전히 통제한다면 그것은 사랑이 아닌 다른 것이 될 것이기 때문입니다. 그녀는 자발적으로, 다른 방식으로 행동할 수 없는 로봇이 될 것입니다. 우리가 건강한 결혼 생활을 할 수 있는 유일한 방법은 우리 둘 다 상대방을 사랑할 수 있는 선택권이 주어지는 것입니다. 거기에는 사랑의 내재된 위험이 있습니다. 즉, 그녀는 나를 사랑하지 않기로 선택할 수도 있습니다.

하나님께서 인간을 만드실 때 생명과 선함이 가득한 아름다운 정원에 두셨습니다. 그것은 하나님이 시작하셨고, 아무런 기여도 하지 않은 그들에게 제공하신다는 점에서 순수한 은혜였습니다. 그러나 하나님은 자신의 뜻을 행하도록 강요받는 로봇을 만드신 것이 아닙니다. 그들은 선과 악 중에서 선택할 수 있었습니다. 하나님을 사랑할지 여부를 선택할 수 있었습니다. 마치 하나님이 "내가 하나님이니 이 한가지를 하라. 네 순종은 선택이다.

---

11. 밀드레드 뱅스 와인쿱(Mildred Bangs Wynkoop)은 요한 웨슬리의 주된 강조점이 자유 의지보다는 자유 은혜에 더 있음을 상기시킨다. 그러므로 웨슬리 전통에 있는 사람들은 성령에 의해 권한을 부여받고 해방된 의지를 의미하는 "자유케 된 의지"를 더 정확하게 말하며 이는 사람이 예수 그리스도에 대한 신앙을 적극적으로 고백하는 것을 가능하게 한다. 일관하여, 구원은 오직 은혜에 의한 하나님의 것이다. 와인쿱(Wynkoop), 웨슬리안-알미니안신학의 기초(Foundations of Wesleyan-Arminian Theology), 69.

나는 이 관계가 통제가 아닌 사랑에 기반하기를 원한다"라고 말씀하시는 것입니다. 하나님은 우리를 유혹하고 싶어서가 아니라 우리가 그를 선택하는 것으로 화답하기를 원하기 때문에 우리에게 자유 의지를 주십니다. 그래야만 사랑에 뿌리를 둔 의지적인 관계가 될 것입니다.

쇠렌 키에르케고르(Soren Kierkegaard)는 순수하게 된 마음의 표시는 내려놓는 의지라고 믿었습니다: "마음의 깨끗함은 한가지만 하려는 것이다." 순수한 마음의 반대는 의지에 반영된 이중 마음입니다. 완전히 성화된 사람이 다시 죄를 지을 수 있는지에 대한 대답은 '그렇다'입니다. 하나님이나 유혹에 항상 자유롭게 반응할 수 있기 때문에 은혜에서 떨어질 수 있습니다. 사랑을 위한 선택은 항상 우리 자신의 것입니다. 그러나 여기에 은혜에 의해 지속되는 삶의 주요 차이점이 있습니다. 이제 우리는 죄를 지을 필요가 없는 힘을 가지고 있습니다. 지속케 하시는 은혜의 힘을 통해 우리는 하나님께 예라고, 유혹에 대해서는 아니오라고 말할 수 있습니다. 우리의 믿음은 예수 그리스도의 부활을 통한 산 소망으로, 하나님의 권능으로 보호됩니다(벧전 1:3-4).

바울은 성령 앞에서 죄가 그의 삶을 너무나 강력하게 통제하고 있어서 마치 노예의 감독관과 같았다고 솔직하게 고백합니다. "내가 원하는 바 선은 행하지 아니하고 도리어 원하지 아니하는 바 악을 행하는도다"(롬 7:19). 그는 무엇인가를 하고 싶지 않지만 저항할 수 없는 악순환에 갇혀 있었고, 무언가를 하고 싶지만 그것을 수행할 수 없는 악순환에 갇혔습니다. "이 사망의 몸에서 누가 나를 건져내랴"(7:24). 이제 바울은 성령의 능력 아래 있기 때문에 계속해서 하나님께 예라고 할 수 있고 유혹에 대해서는 거부할 수 있습니다. "우리 주 예수 그리스도로 말미암아 하나님께 감사하리로다 이는 그리스도 예수 안에 있는 생명의 성령의 법이 죄와 사망의 법에서 너를 해방하였음이라"(7:25; 8:2). 성령을 떠난 우리 인간의 의지는 약하고 순종할 힘이 없습니다. 하지만 성령 안에서 우리는 순종할 수 있는 능력을 얻었습니다. 거룩하게 된 자들은 전혀 죄를 다시 지을 수 없는 것은 아니지만 이제 그들은 죄를 짓지 않을 능력을 갖게 되었습니다. 차이점은 우리가 타락하는 것을 막는 하나님의 지속케 하시는 은혜입니다.

웨슬리가 덧붙였듯이, 성령은 우리의 의지를 강화시켜 우리가 "기질, 말 또는 행동과 관련된 모든 선한 욕구를 내적, 외적 거룩함"으로 만들어 낼 수 있도록 합니다.[12]

품성의 변화로서의 지속케 하는 은혜

라이트(N.T. Wright)는 제자도에 관한 매우 도움이 되고 포괄적인 책인 "그리스도인의 미덕(After You Believe)"에서 사람과 교회에서 그리스도와 같은 성품이 형성되는 방식을 설명합니다. 그는 이것을 사람의 삶에서 형성된 영적 관습과 습관의 결과로 오는, 길지만 꾸준한 은혜의 성장으로 점점 더 예수 그리스도의 형상으로 변모 시킨다고 말합니다. 고대 작가들은 그러한 성격 형성을 "덕목"이라고 불렀습니다.

라이트(Wright)는 "설리"로 더 잘 알려진 체슬리 설렌버거(Chesley Sullenberger)의 실화를 다시 말하면서 책을 시작합니다. 2009년 1월 15일 목요일 오후였고 뉴욕시의 여느 다른 날과 비슷하게 느껴졌습니다. 여객기는 오후 3시 26분에 샬럿(Charlotte) 시를 향해 이륙했습니다. 설리가 그 비행기의 기장이었습니다. 그는 모든 일상적인 점검을 했고 이륙 후 불과 2분 만에 비행기가 거위 무리에 부딪히기 전까지만 해도 모든 것이 정상인 것처럼 보였습니다. 두 엔진 도두 심하게 손상되고 동력이 손실되었습니다. 비행기는 도시에서 인구 밀도가 가장 높은 지역 중 하나인 브롱크스를 넘어 북쪽으로 향하고 있었습니다. 설리와 부조종사는 중요한 결정을 빨리 내려야 했습니다. 150명 이상의 승객과 수천 명이 지상에서 목숨을 잃을 위기에 처했습니다.

가장 가까운 작은 공항은 너무 멀었고 뉴저지 턴파이크(New Jersey Turnpike –미국 필라델피아와 뉴욕 시의 메트로폴리탄 지역들을 잇는, 미국에서 가장 통행량이 많은 고속도로들 중의 하나이다.-역자 주)에 착륙하는 것은 재앙이 되었을 것입니다. 그러기에 그들에게는 허드슨 강에

---

12. 웨슬리(Wesley), "설교 85: 우리 자신의 구원을 이루는 것에 관하여"("Sermon 85: On Working Out Our Own Salvation") III.2.

착륙하는 한 가지 선택만이 있었습니다. 착륙하기 불과 3분 전에 설리와 부조종사는 추락을 막기 위해 몇 가지 중요한 일을 해야만 했습니다. −라이트(Wright)는 기술적으로 서로 다른 9가지 작업을 언급합니다.− 놀랍게도 그들은 그렇게 해냈습니다. 그들은 허드슨 강에 비행기를 착륙시켰습니다. 설리 기장이 기내 복도를 여러 번 오가면서 모두가 안전하게 탈출했는지 확인한 후 마지막으로 내렸습니다.[13]

많은 사람들이 그것을 기적이라고 말했고, 어떤 면에서는 확실히 맞습니다. 그런데 기적은 어디에 있었습니까? 기적은 다양한 형태로 나타납니다. 하나님께서 초자연적으로 보호하고 인도하시는 기적이 있었습니까? 확실히 그렇습니다. 그러나 그것을 보는 또 다른 방법이 있습니다. 기적은 강력한 압박 속에서도 기술적인 속도로 대응할 수 있었던 설리의 덕목이었을지도 모릅니다. 이런 식으로 "덕목"이라는 단어를 사용하는 것이 이상해 보인다면 덕목은 "좋은" 또는 "도덕적"을 달리 말할 때 사용하는 단어가 아니기 때문일 것입니다. 라이트는 가장 엄격한 의미에서 덕목이란 "선하고 옳지만 '자연발생적으로' 일어나지 않는 어떤 일을 하기 위해 노력과 집중이 필요한 수천 개의 작은 선택을 함으로서, 수천 번에 한번 정말 중요한 순간에 필요한 작업을 '자동적'으로 수행할 때 나타나는 것"이라고 하였습니다.[14]

즉, "그냥 일어난"것처럼 보일 때 우리는 그것이 "그냥 일어난" 것이 아니라는 것을 깨닫기 시작합니다. 라이트가 지적했듯이, 우리 중 누군가가 그날 그 비행기를 조종했고 단순히 해야 하는 일만 했다면 건물 측면에 충돌했을 것입니다. 은혜 안에서 자라서 점점 더 예수님과 같이 되는 덕목, 품성 형성, 또는 우리의 목적인 제자도는 쉽게 생겨나는 것이 아닙니다. 현명하고 판단력있는 선택이 제2의 본성이 될 때 일어나는 일이기도 합니다. 설리는 비행기를 조종할 수 있는 능력을 가지고 태어나지 않았고, 용기, 떨리지 않는 손, 빠른 판단, 자신에게 닥칠 위험의 순간에도 타인의 안전에

---

13. 라이트(Wright), 그리스도인의 미덕(After You Believe: Why Christian Character Matters)(New York: Harper Collins, 2010), 18–20.
14. 라이트(Wright), 그리스도인의 미덕 (After You Believe), 20.

대한 관심과 같은 짧은 순간에 드러난 성격적 특성을 가지고 태어나지 않았습니다. 이것은 어색하게 시작한 것이 정상으로 느껴지기 시작할 때까지, 정상으로 느낀 것이 생각보다 먼저 반응할 수 있도록 우리의 마음과 근육 속 기억에 깊이 스며 들기 시작할 때까지, 시간이 지남에 따라 특정 연습과 반복이 필요한 습득된 기술과 특성입니다. 이것이 제2의 본성입니다.

조종사일 수도 있는 독자를 불쾌하게 하려는 의도는 없지만, 내가 만일 빠르게 하강하는 비행기의 승객이었다면 그저 매뉴얼대로만 하는 신인 조종사를 원치 않을 것입니다. 그들이 전에 직면하지 못한 위기에 대응하기 전에 그러한 비상 사태에 대해 비행 학교에서 배운 것을 확인하기 위해 엔진 설명서를 꺼내거나 인터넷을 확인하거나 기억을 되살려야만 했다면 결과는 훨씬 달라질 수 있었습니다. 지식만으로는 충분하지 않습니다. 투지나 결단력도 아닙니다. 라이트는 그 위기의 순간에 필요한 것은 제2의 본성이 된 어떤 것, 연습했던 덕목, 즉 "여객기를 조종하는 비행법을 정확히 아는 특정 강점, 즉 '덕목'에 의해 형성되는 성격의 변화"라고 강조해서 주장합니다."[15] 나는 그것이 단순히 어떤 비행기가 아니라 그 특정 비행기, 즉 설리가 모든 세부 사항을 자세히 알도록 훈련받은 그 비행기였다고 덧붙이고 싶습니다.

"제2의 본성"이라는 개념은 특히 제자도, 거룩함, 은혜의 여정에 관하여서 나의 관심을 끕니다. 용기, 인내, 자제, 지혜, 올바른 판단력, 참을성과 같은 특성이 우리에게 자연스럽게 오지 않는다는 데 동의하지 않는 사람은 거의 없습니다. 때때로 고통스럽고 어려운 상황을 통해, 그러나 항상 학습된 행동의 여과장치를 통해 배우고 우리의 성격에 뿌리 내린 것들입니다. 신약성경에 따르면, 그리고 라이트가 정의한대로 잘 정립된 품성은 "누군가를 똑바로 꿰뚫는 사고와 행동의 패턴으로서, 그 사람을 (그대로) 잘라낼 때마다 같은 사람을 계속 볼 수 있습니다."[16]

물론 잘 정립된 품성의 반대는 천박함입니다. 많은 사람들이 처음에는 정직하고 친절하고 긍정적인 것 등과 같이 자신을 표현할 수 있지만, 더

---

15. 라이트(Wright), 그리스도인의 미덕 (After You Believe), 21.
16. 라이트(Wright), 그리스도인의 미덕(After You Believe), 27.

많이 알수록 그들의 진정한 색깔이 더 많이 드러납니다. 그런 사람들은 단지 괜찮은 척하고 있을 뿐입니다. "위기에 직면하거나 단순히 방심했을 때, 그들은 다른 사람처럼 부정직하고, 투덜대고, 참을성이 없습니다."[17] 무엇이 문제일까요? 그들은 단지 자연스럽게 나오는 것을 행하고 있습니다. 그들은 자신의 태도가 달라야 한다는 것을 충분히 자각하고 있지만 갑작스런 도전과 실망감에 잘 대응할 수 있는 새로운 제2의 본성 습관을 습득하지 못했습니다. 사람의 성격은 위기에서 만들어지지 않습니다. 그것은 위기에서 드러납니다. 생각할 시간이 없을 때 우리가 진정 누구인지 매번 노출됩니다.

더닝(H. Ray Dunning)은 웨슬리의 18세기 용어 중 일부가 현재 사용하는 것과 어떻게 다른지 보여주었습니다. 예를 들어, 자유 의지에 대한 논의와 관련하여 "자유(liberty)"는 그가 선택의 자유를 위해 사용한 용어인 반면 "의지(will)"는 그가 "경향(affection)" 또는 인간의 행동에 동기를 부여하는 성향을 가리키는데 사용한 용어였습니다. 경향은 오고 가는 감정을 의미하지 않으며 일시적인 행동 수정으로 인해 바뀌는 것도 아닙니다. 그들은 사람이 특정 선택이나 행동을 결정하는 더 깊은 수준과 더 관련이 있습니다. 경향과 밀접한 관련이 있는 것은 웨슬리가 사용한 "성질(temper)"이라는 용어입니다. 18세기에는 성질이 사람이 짜증을 내거나 쉽게 화를 내는 것을 의미하지는 않았습니다. 오히려 오늘날 우리가 사용하는 "기질(temperament)"이라는 단어와 더 일치했습니다. 웨슬리는 "사람의 지속적인 또는 습관적 성향"이라는 의미로 성질을 사용했습니다.[18] 보다 정확히 말하면, "거룩한 기질"은 더 이상 순간적인 것이 아니라 장기적이고 안정적인 덕목이 되고, 의로운 의도로 행해질 때까지 은혜의 수단에 의해 길러지는, 자신의 품성의 지속적인 측면에 초점을 맞추고 발전시킨 인간의 경향입니다.

"거룩한 기질"은 제자도에 관한 웨슬리의 가르침, 특히 갈라디아서에서 성령의 열매에 대한 그의 묘사에서 자주 사용되는 문구였습니다. "오직

---

17. 라이트(Wright), 그리스도인의 미덕(After You Believe), 27.
18. 매덕스(Maddox), 책임있는 은총(Responsible Grace), 69.

성령의 열매는 사랑과 희락과 화평과 오래 참음과 자비와 양선과 충성과 온유와 절제니 이같은 것을 금지할 법이 없느니라"(갈 5:22~23). 이 본문에는 강조할 가치가 있는 여러 측면이 있습니다. 그 중 하나, 웨슬리는 열매가 복수형이 아니라 단수형이라는 것을 언급했습니다. 복수형이라면 마치 충성에 우리의 초점이 되고 양선이 무시될 수 있는 것처럼, 하나의 "열매"에 초점을 맞추고 싶은 유혹을 받을 수 있습니다. 하나로 통일된 열매는 하나님의 영이 역사하고 있다는 증거입니다. 그들은 독립적인 특성이 아닙니다. 우리가 성장함에 따라 아홉 가지 종류의 열매가 모두 함께 작용하여 성령께서 헌신된 삶을 주관하실 때의 모습이 어떠한지에 대한 눈을 뗄 수 없는 그림을 그리게 됩니다. N. T. 라이트는 바울이 "사람들이 이 열매들을 독립적인 것으로 생각할 줄은 예상하지 못했다"라고 지적합니다.[19] 복숭아나무가 생산하는 열매로 그 나무를 식별할 수 있는 것처럼 그리스도인은 성령의 열매로 식별됩니다. 즉, 삶으로 입증되는 거룩한 기질입니다. 당연하게, 웨슬리는 아홉 가지 모두 사랑의 표현이기 때문에 사랑이 거룩한 기질의 목록 중 첫번째에 자리한다고 덧붙였습니다. 그렇지만 은혜의 여정을 따라 그리스도의 모든 특성이 우리 삶에 드러나게 될 것입니다.

　은혜의 여정을 이해하는데 아마도 가장 중요한 것은 이러한 거룩한 기질이 즉시 경험되지 않는다는 것입니다. 대신 랜디 매덕스(Randy Maddox)가 설명하듯이 "하나님의 중생케 하시는(구원하시는) 은혜는 신자들에게 그러한 덕목의 '씨앗'을 깨닫게 합니다. 그런 다음 이러한 씨앗은 우리가 '은혜 안에서 성장'함에 따라 강화되고 형태를 갖추게 됩니다. 자유가 주어졌기에 이러한 성장에는 책임감있는 협력이 필요합니다. 왜냐하면 하나님의 은혜로운 권한 부여를 무시하거나 인멸할 수 있기 때문입니다."[20] 매덕스의 설명에서 풀어야 할 것이 너무 많습니다. 그러나 우리가 놓쳐서는

---

19. 라이트(Wright), 그리스도인의 미덕(After You Believe), 195.
20. 랜디 매덕스(Randy Maddox), "목적을 위한 수단의 재결합: 성결운동을 위한 웨슬리안의 처방전"("Reconnecting the Means to the End: A Wesleyan Prescription for the Holiness Movement") 웨슬리안 신학저널(Wesleyan Theological Journal), vol. 33, No. 2 (Fall 1998), 21.

안되는 주요 아이디어는 덕목이 잘 자라도록 육성해야 한다는 것입니다.

하나님의 은혜로 우리는 어느 순간에 구원받고 거룩해지며, 의의 씨가 심어져서 그리스도를 닮아가는 여정을 시작할 수 있습니다. 숨이 멎을듯한 그 은혜의 약속에서 우리는 마음과 혼과 힘을 다하여 하나님을 사랑할 수 있도록 죄와 이기심의 삶을 떠날 자유를 얻었습니다. 그럼에도 불구하고 믿음, 소망, 사랑의 세 가지 덕목(고전 13:13)과 성령 충만한 삶에서 나오는 아홉 가지의 열매는 주어진 것이고 성장하는 것입니다. 성령의 열매는 갑자기 나타나지 않으며 라이트가 올바르게 말했듯이 "자동으로 자라나지" 않습니다. 의심할 여지없이 열매가 열리게 될 것임을 알리는 유력한 초기 징후가 있습니다. "많은 새로운 그리스도인들은, 특히 갑작스런 회심이 '육체의 일'로 가득한 생활 방식에서 극적으로 벗어나는 것을 의미할 때, 그들 내부에서 우러나오는 사랑하고, 용서하고, 온유해지고, 순수해 지기를 바라는 갈망에 놀라움을 느낍니다. 순수합니다. 그들은 이 모든 것이 어디에서 왔는지 묻습니다. '나는 이런 사람이 아니었습니다.' 그것은 놀라운 일입니다. 성령의 확실한 징표가 역사하고 있습니다."[21]

이러한 믿을 수 없는 "경향" 변화는 변화는 순수한 은혜의 선물이나 다름없습니다. 그러나 새 그리스도인은 수동적이 될 수 없습니다. 그들은 하나님께서 그들 안에서 일하시는 것을 이루어야 합니다. 이러한 "경향" 변화를 가능하게 한 동일한 은혜는 이제 새로운 습관과 후천적인 연습을 통해 배양된 "거룩한 기질"로 성장해야 합니다. 다시 한번 라이트는 예리한 제자도 상상력으로 이 점을 정확하게 설명합니다. "새로운 갈망들은 꽃이다. 과일을 얻으려면 정원사가 되어야 한다. 돌보는 방법과 가지 치기 방법, 밭에 물을 대는 방법, 새와 다람쥐를 쫓아내는 방법을 알아야 한다. 당신은 병충해와 곰팡이를 조심하고, 나무에서 생명을 빨아들이는 담쟁이와 기타 기생충을 잘라 내고, 어린 줄기가 강한 바람에 견고하게 서 있을 수 있는지 확인해야 한다. 그래야 열매가 나온다."[22]

---

21. 라이트(Wright), 그리스도인의 미덕(After You Believe), 195-196.
22. 라이트(Wright), 그리스도인의 미덕(After You Believe), 196.

꽃은 분명히 "너희 안에 계신 그리스도시니, 곧 영광의 소망"(골 1:27) 의 표징이지만, 성숙하고 그리스도를 닮은 성품의 실제 열매를 얻으려면 우리는 정원사가 되어야 합니다. 이제 씨앗이 열매를 맺기 시작해야 합니다. 내려놓은 경향은 거룩한 기질, 그리스도와 같은 생각을 낳는 새로운 성품, 그리고 제2의 본성 방식으로 기능하기 시작하는 행동을 낳습니다.[23] "너희가 열매를 많이 맺으면 내 아버지께서 영광을 받으실 것이요 너희는 내 제자가 되리라"(요 15:8). 꽃은 열매가 되고 씨앗은 덕목이 됩니다. 우리에게 힘을 주는 하나님의 능력은 유지하는 은혜가 됩니다.

악덕과 미덕

바울은 고린도의 그리스도인들에게 이렇게 권고합니다. "너희는 믿음 안에 있는가 너희 자신을 시험하고 너희 자신을 확증하라 예수 그리스도께서 너희 안에 계신 줄을 너희가 스스로 알지 못하느냐?"(고후 13:5). 다음과 같은 유진 피터슨의 의역은 적절합니다. "자신을 테스트하여 믿음이 확고한지 확인하십시오. 모든 것을 당연하게 여기면서 표류하지 마십시오. 스스로 정기 검진을 하십시오. 단순히 전해 들은 말이 아니라 예수 그리스도께서 당신 안에 계시다는 직접적인 증거가 필요합니다. 그것을 테스트하십시오. 그 시험에 실패하면 그것에 대해 뭔가를 하십시오"(5~9절).

정기적인 건강 검진은 심장마비나 뇌졸중을 예방할 수 있습니다. 문제를 일찍 발견하게 되면 종종 치료가 가능하게 됩니다. 마찬가지로 자동차 정비 일정을 따르면 일반적으로 심각한 엔진 고장을 미리 예방할 수 있습니다. 성경 전체를 통틀어서 볼 때 40일이라는 기간은 준비, 정화, 영적 실재 재확인의 시간으로 인식되어 왔습니다.[24] 성결을 강조하는 그룹의 전통에서 많이 행했던 부흥회와 캠프 미팅과 같은 군중집회의 목적이 집단 및 개인의

---

23. "거룩한 기질에서 '흐르는' 거룩한 행동에 대한 웨슬리의 언어는 습관화된 애정이 인간의 행동에 '자유'를 가져다주는 의미, 즉 훈련된 연습에서 오는 자유 (예 : 바흐 협주곡 연주의 자유)를 높이 평가했음을 시사한다." 매덕스(Maddox), 책임적인 은총(Responsible Grace), 69.
24. 기독교 절기에서의 사순절은 40일 동안의 자기 성찰 개념을 기반으로 한다.

영적 건강확인을 위한 것이라고 할 수 있습니다. 바울이 고린도교인들에게 언급한 것처럼 영적 성장에는 영적 건강이 필요합니다. 바울의 권면에 따라, 신자들이 서로에게 책임을 갖는 소그룹 –웨슬리가 "속회 모임(class meeting)"이라고 불렀던 모임- 에서 만나야 한다는 웨슬리의 주장은 영적 건강 검진 훈련을 실행하라는 것이었습니다.

영적인 심장병의 경고 신호는 무엇입니까? 6세기경 교회는 이러한 경고 신호를 "치명적인 죄" 또는 "치명적인 악"으로 구별하였습니다. 높은 콜레스테롤이 심장병에 대한 경고이고 기어가 자꾸 빠지는 것이 자동변속기의 이상 신호인 것처럼, 이러한 징후는 우리 제자도의 건강에 해로운 경향의 지표이며, 처리되지 않으면 영적 사망으로 이어질 수 있습니다. 일반적으로 "죽음에 이르는 7대 죄악"이라고 불리는 교회의 악에 대한 역사적 이해의 양상은 보다 포괄적이며 다음에 나오는 것들을 포함합니다.

교만: 자신을 삶의 중심이자 주요 목적으로 하나님의 자리에 두는 것. 자신의 지위가 하나님을 의존하는 피조물이라는 것을 거부함.

불경: 하나님에 대한 숭배를 고의적으로 소홀히 하거나 그에 대한 형식적이고 습관적인 참여만으로 만족하는 것; 개인적 이익을 위해 기독교의 거룩함이나 기독교의 사용에 대한 냉소주의를 나타냄.

감성: 개인의 거룩함을 추구하지 않고 경건한 감정과 아름다운 의식에 대해 만족하는 것, 십자가나 개인적인 희생을 견디는 데 관심이 없음, 희생적인 헌신보다 정서적 영성에 더 큰 매력을 느낌.

불신: 하나님의 지혜와 사랑을 인정하는 것을 거부하는 것; 과도한 걱정, 불안, 경솔함 또는 완벽주의; 영성주의, 지나친 소심함 또는 비겁함으로 자신의 삶을 얻거나 통제하려고 시도함.

불순종: 알려진 하나님의 뜻에 대한 거부; 성경에 계시된 하나님의 본성을 배우는 것을 거부함; 무책임, 배신 및 타인의 불필요한 실망으로 신뢰를 깨뜨리는 것; 법적 또는 도덕적 계약 위반.

완고함: 자신의 죄를 찾아서 직시하거나 하나님 앞에서 고백하는 것을 거부함. 자신의 죄가 보잘 것 없거나, 자연스럽거나 불가피하다고 믿어 자기

정당화; 사과하고 이웃과 화해하기를 거부하거나 자신을 용서하지 않는 것.

허영심: 하나님과 다른 사람들이 자신의 삶에 기여한 것을 믿지 않는 것; 자랑, 과장 및 과시적인 행동; "물질"에 대한 과도한 관심.

거만: 위압적이고 논쟁적인 태도; 독단적이고 완고함.

원한: 하나님과 다른 사람들이 우리의 행복을 위해 제공하는 재능, 능력 또는 기회의 거부; 하나님이나 다른 사람들에 대한 반항과 증오; 냉소.

시기: 하나님의 창조 질서에서 우리의 위치에 대한 불만; 다른 사람이나 다른 사람이 가진 "물질"에 대한 질투, 적개심, 경멸로 나타남.

탐리: 다른 피조물의 진실성을 존중하는 것을 거부하는 것으로서, 자부심을 증명하기 위해 물질적인 것들을 축적하는 것으로 표현됨. 개인의 이익을 위해 다른 사람을 이용하는 것; 다른 사람들을 희생시키면서 자신의 지위와 권력을 추구함.

탐욕: 천연 자원 또는 개인 소유물의 낭비; 사치스럽거나 분수에 지나친 삶; 타인에 대한 지나친 야망이나 지배, 그리고 자신의 "물질"에 대한 과도한 보호로 나타남. 인색; 과욕.

탐식: 음식과 음료에 대한 자연적인 욕구의 과도한 방종; 즐거움과 편안함에 대한 과도한 추구; 무절제와 규율 부족으로 나타남.

음욕: 성의 오용; 음란, 야함, 내숭, 학대를 포함함; 결혼을 성생활을 위해 하나님이 정하신 관계로 인식하지 않음.

나태: 성장, 봉사, 희생의 기회에 대한 반응을 거부하는 것. 영적, 정신적 또는 육체적 의무에 게으름을 포함함; 가족 방치; 불의 또는 세상의 고통받는 사람들에 대한 무관심; 궁핍하고 외롭고 인기없는 사람들을 소홀히 대함.

경고 신호는 감지하기 힘들지만 영혼에 위험할 수 있습니다. 신체적으로 건강해지기를 원할 때, 우리는 특정한 생활 방식 패턴을 바꾸고 건강과 관련된 음식을 선택합니다. 때때로 우리 몸이 스스로 생산할 수 없는 것을 보충하거나 상쇄하기 위해 약물이 필요합니다. 차량을 유지 관리하고 싶을 때 오일을 교체하고 E-이어를 갈아 끼웁니다. 일부 부품은 교체해야 합니다. 사실, 우리 몸과 자동차는 응급 조치를 할 필요가 없는 상태가 좋은 것입니다.

그래서 정기적이고 지속적인 유지 관리가 있어야 합니다. 제자도의 삶도 같은 방식으로 작동합니다. 물론, 건강에 좋지 않은 특정 패턴을 다른 것, 더 나은 것으로 대체하지 않고서는 끝낼 수 없습니다. 현재의 나쁜 것보다 더 강한 좋은 대체제가 있어야 합니다. 중독에서 회복되는 과정에 있는 사람은 의존성을 대체하는 무엇인가가 있어야 한다고 말할 것입니다. 낮고 죄악된 것을 대체하기 위해서는 더 높고 영적인 열정이 있어야 합니다. 마찬가지로, 은혜의 여정을 향상시키기 위한 정기적 유지 관리 프로그램이 있어야 합니다. 즉, 우리의 제자도를 최상의 수준으로 유지하는 정기적이고 체계적인 방법이 있어야 합니다.

죽음에 이르는 치명적인 악을 대체하는 대체선은 무엇입니까? 지속케 하시는 은혜를 유지 관리할 계획은 무엇입니까? 신약은 대체하는 선을 우리 육체의 낮은 본능을 대체하는 생명을 주는 덕목, 즉 성령의 열매라고 확인합니다. 정기적이고 체계적인 유지 관리 계획을 영적 훈련이라고 합니다. 프로 운동 선수는 달리기를 하고, 스트레칭을 하고, 역기를 들어 올립니다. 그것이 재미있거나 생활이 지루하기 때문이 아니라 목표를 달성하기로 결심했기 때문입니다. 영적 검진은 외과적 대수술일 필요는 없습니다. 오히려 혼자 사는 노약자나 환자, 보호대상자 등을 공무원이 찾아가서 생활이 괜찮은지 살펴보는 것과 비슷할 수 있습니다. 대체하는 선의 의약품은 성령의 열매입니다. 그리고 하나님의 활동에 대한 우리의 수용력을 높이기 위한 건강 관리 계획은 영적 훈련입니다. 영적 훈련은 지속케 하시는 은혜를 유지하는 데 필수적인 요소들입니다.

은혜의 수단으로서의 징계

히브리서의 저자는 영적 훈련의 중요성을 잘 알고 있습니다. "무릇 징계가 당시에는 즐거워 보이지 않고 슬퍼 보이나 후에 그로 말미암아 연단 받은 자들은 의와 평강의 열매를 맺느니라"(12:11). 훈육은 잘못에 대한 처벌로 볼 때 부정적인 의미를 가질 수 있습니다. 그러나 히브리서가 말하는 것처럼 보호하거나 더 강하게 만드는 징계도 있습니다. 이것이 히브리서가 말하는 훈육의 측면입니다. "너희가 참음은 징계를 받기 위함이라. 하나님이 아들과 같이 너희를 대우하시나니 어찌 아버지가 징계하지 않는 아들이 있으리요. 징계는 다 받는 것이거늘 너희에게 없으면 사생자요 친아들이 아니니라"(12:7-8).

두 가지 주목할 점이 있습니다: (1) 저자는 부모 훈육의 수혜자가 아닌 자녀들을 상상할 수 없었습니다. (2) 저자는 훈육을 거룩한 사랑의 한 형태로 생각했습니다. 아이를 사랑하려면 훈계가 포함됩니다. 늦은 밤에 피자를 먹겠다는 것을 막거나, 귀가시간을 정한다거나, 넷플릭스에서 아무 영화나 무조건 시청하는 것을 금지하는 것은 자녀를 처벌하는 것이 아닙니다. 현명한 부모는 이것이 처벌이 아님을 압니다. 그들의 미래를 위한 준비입니다. 아이는 이런 것들을 불공평하고 심지어 잔인하다고 느낄 수도 있지만, 사랑하는 부모가 정한 규칙들이 자신을 보호하고 성숙한 성인으로 성장하도록 돕는 것이었다는 것을 이해할 날이 옵니다. 마찬가지로 하나님은 우리를 거룩으로 이끄는 훈련을 하십니다. 그 당시에는 즐겁지 않을 수도 있지만, 의로운 삶 속에서 평안의 열매를 맺기 위해 씨앗을 심는 것입니다. 놓치지 마십시오. 우리는 그러한 훈련을 받아야 합니다.

이 스탠리 존스(E. Stanley Jones)는 다음과 같이 현명하게 말했습니다. "당신은 훈련으로 구원을 얻을 수 없습니다. 구원은 하나님의 선물입니다. 그러나 훈련 없이는 그것을 유지할 수 없습니다."[25] 인격 형성과 관련하여 어거스틴은 덕목을 "우리의 본성과 어울리는 좋은 습관"으로 정의한 것으로 널리 알려져 있습니다. 더 나아가 존스는 하나님께 전적으로 의지하고 자신의 습관을 개인적으로 훈련한 사람의 예로 예수님의 단순한 습관들을 인용하였습니다. "그는 습관적으로 세 가지 일을 했다. (1) '늘 하시던 대로 성경을 읽으려고 서시며' - 그는 하나님의 말씀을 습관적으로 읽었다. (2)

---

25. 이 스탠리 존스(E. Stanley Jones), 회심(Conversion)(Nashville: Abingdon Press, 1991), 리차드 J. 프스터(Richard J. Foster)와 제임스 브라이언 스미스(James Bryan Smith)가 엮은 묵상고전: 개인과 그룹을 위해 선별한 글들(Devotional Classics: Selected Readings for Individuals and Groups)(Englewood, CO: Renovaré, 1990), 281.에서 인용됨

'습관을 따라 감람 산에 가시매' – 그는 습관적으로 기도했다. (3) '다시 전례대로 가르치시더니' – 그는 자신이 가진 것과 발견한 것을 습관적으로 다른 사람들에게 전수했다. 이 단순한 습관들은 그의 삶의 기본 습관이었다."[26] 거룩한 습관은 건강한 제자를 빚어냅니다. 거룩한 기질에 대한 웨슬리의 생각으로 돌아와서, 그는 그러한 습관들이 교회 안에서 참여하는 "은혜의 수단", 혹은 영적 훈련이라고 부르는 습관적 연습을 통해 그리스도인들 안에 형성되었다고 믿었습니다. 은혜의 수단은 은혜의 여정에서 하나님의 활동을 우리에게 전달하는 통로, 하나님의 변화시키는 은혜의 통로입니다.

웨슬리에게 있어서 이러한 수단은 그가 경건한 활동과 자비의 활동이라고 부르는 것을 통해 전달되었습니다. 경건한 활동은 주로 그리스도와의 개인적인 관계를 강화하기 위해 우리가 하는 일입니다. 자비의 활동은 세상에서 하나님의 사역과 선교에 참여하기 위해 우리가 하는 일과 관련이 있습니다. 경건한 활동과 자비의 활동은 모두 개별적인 요소(혼자 할 수 있는 것)와 공동적인 요소(다른 사람의 도움으로 해야 하는 것)를 가지고 있습니다.

개인적 경건활동에는 말씀묵상, 기도, 금식, 다른 사람과 신앙 나누기(전도), 우리의 것을 아낌없이 주는 것 등이 포함됩니다. 공동의 경건한 활동에는 공동 예배, 성찬식과 세례에 참여, 서로에 대한 책임("그리스도인 모임"이라고도 함), 성경 공부, 설교 등이 있습니다. 다시 말하지만, 우리가 그리스도인이기 때문에 이런 일들을 행하는 것이 아니라 그것들이 "사랑을 쇄신하고 재정비할, 성령이 주입된 활동들이기 때문이고, 영적인 것에 대한 굶주림을 증가시키는 의식(hunger-shaping rituals), 우리를 더 사랑스러운 제자로 만드는 예배식들(love-shaping liturgies)과 함께 하는, 세상으로부터 형성된 것을 뒤집을 수 있는 활동이기 때문이며" 이러한 활동을 통해 우리는 그리스도를 입는 법을 배우기 때문입니다(골 3:12-16

---

26. 존스(Jones), 회심(Conversion), 포스터와 스미스(Foster and Smith), 묵상고전(Devotional Classics), 282.에서 인용됨.

참조).²⁷

은혜의 수단으로서의 성례

성례전의 중요성을 더 자세히 설명하는 것은 은혜의 여정에 도움이 될 것입니다. "성례(sacrament)"라는 단어는 "거룩하게 하다, 성별하다" 또는 "신성하게, 거룩하게 만들다"를 의미하는 라틴어 단어에서 유래되었으며, 결과적으로 "신비(mystery)"라는 헬라어 단어에서 파생되었습니다. 의미를 함께 합치면 성찬은 "신성한 신비"입니다. 요한 웨슬리는 성공회 기도서의 교리 문답에서 성례에 대한 정의(어거스틴의 간결한 정의에서 차용)를 빌려온 후, 좀 더 명확하게 하기 위해 약간의 수정을 가했습니다. "성찬은 '내적 은혜의 외적인 표징이며 우리가 그것을 받는 수단'이다."²⁸ 라이트 (N.T. Wright)는 신성한 신비와 수단의 개념을 결합하여 성례를 "하늘의 생명이 땅의 생명과 신비하게 교차하는 경우"²⁹라고 설명합니다. 기독교의 일부 전통은 다른 전통보다 더 많은 성례를 지킵니다. 개신교는 일반적으로 두 가지를 지지합니다: 세례와 성찬(주의 만찬 혹은 성만찬이라고도 함).³⁰

요한 웨슬리는 "모든 의식(영적 규율)에 긴밀히 참석"할 것을 강력히 권했으며, 특히 성찬식을 강조했습니다.³¹ 그는 성찬식을 은혜가 우리에게 전달되는 "웅장한 통로"라고 불렀고, 심지어 우리의 구원을 이루기 위한 첫 번째 단계가 성찬예식 참여라고 말했습니다.³² 이러한 역동적인 관점은

---

27. 제임스 K. A. 스미스(James K. A. Smith), 습관이 영성이다(You Are What You Love: The Spiritual Power of Habit)(Grand Rapids: Brazos Press, 2016), 68-69.
28. 롭 L. 스테이플(Rob L. Staples), 외적 표시와 내적 은혜: 웨슬리안 영성에서의 성례전의 위치 (Outward Sign and Inward Grace: The Place of Sacraments in Wesleyan Spirituality)(Kansas City, MO: Beacon Hill Press of Kansas City, 1991), 21. 강조하는 글이 추가됨.
29. 라이트(Wright), 그리스도인의 미덕(After You Believe), 223.
30. 두 성례의 이론적 근거는 예수 그리스도께서 제정하신 성례전 ("그리스도의 성례전"이라고도 함)만 실천하는 것이다.
31. 웨슬리(Wesley), 그리스도인의 완전에 관한 평이한 해설(A Plain Account of Christian Perfection), 45.
32. 매덕스(Maddox), 책임적인 은총(Responsible Grace), 202.

성찬식이 그리스도의 죽음을 상징적으로 기억하는 것이 아니라 성찬을 받을 때 성령에 의한 그리스도의 참된 임재를 경험한다는 그의 믿음에 근거한 것입니다.33 이로 인해 웨슬리는 두 가지 중요한 결론을 내렸습니다. 첫째, 현존하는 은혜는 능력있는 그리스도인의 삶을 위해 확장되기 때문에 가능한 한 자주 성찬식이 거행되어야 한다는 것이고, 둘째, 성찬식에서 성령의 임재는 이미 준비된 하나님의 구원하시는, 성결케 하시는, 지속케 하시는 은혜와 동등하기 때문에 회개하는 마음을 가진 사람은 구원받을 수 있는 "개종하는 의식"34 으로 간주될 수 있고, 거룩함의 증진을 위한 수단으로 간주될 수 있다는 것입니다. 성찬식에 대한 이러한 견해는 나사렛 신학자 롭 스테이플스(Rob Staples)가 성찬식을 "성결의 성례"라고 부르는데 영향을 끼쳤습니다.35

세례는 단순한 의식이나 공개적인 간증 그 이상입니다. 우리가 그리스도와 함께 죽고 다시 사는 것을 의미합니다. "그러므로 우리가 그의 죽으심과 합하여 세례를 받음으로 그와 함께 장사되었나니 이는 아버지의 영광으로 말미암아 그리스도를 죽은 자 가운데서 살리심과 같이 우리로 또한 새 생명 가운데서 행하게 하려 함이라"(롬 6:4). 사람은 하나님의 나라로 어쩌다 보니 도달하게 되는 것이 아닙니다. 결국 죄와 자아에 대해 죽고 새 생명으로의 부활이 있어야 합니다.36 세례는 그 순간을 특징짓는

---

33. "예수님이 '기억하라'라고 하실 때 사용하신 헬라어는 아남네시스(anamnesis)이다. 그것은 역사적 기억 그 이상이다. 그것은 말 그대로 '다시 일어나는 일'로서 과거에서 현재로 사건을 안내하는 성령의 영감을 받은 기억을 가리킨다." J.D. 왈트(J. D. Walt), "경이로운 빵"("Wonder Bread") Seedbed Daily Text, April 24, 2020, https://www.seedbed.com/ wilderness-wonder-bread/.

34. "개종 의식"은 요한 웨슬리(John Wesley)가 개인적으로 사용한 문구이다. 스테이플(Staples), 외적 표시와 내적 은혜(Outward Sign and Inward Grace), 252. 성만찬에 참여하는 동안 자신의 신앙에 대한 완전한 확신을 받았다는 어머니의 간증과 이와 같은 경험에 대한 다른 많은 간증에서 웨슬리는 성만찬의 순간이 그 구원의 힘을 전달하는 극적인 전시로 그리스도의 단 한번의 희생을 재현한다고 확신하였다." 매덕스(Maddox), 책임적인 은총(Responsible Grace), 203.

35. 스테이플(Staples)의 외적 표시와 내적 은혜(Outward Sign and Inward Grace), 201–249를 보라.

36. 스테이플(Staples), 외적 표시와 내적 은혜(Outward Sign and Inward Grace),

것입니다. "세례는 그리스도인의 모든 삶이 십자가에 자신을 새기고, 십자가에 참여하고, 십자가를 지고, 예수님을 따르는 문제라는 것을 분명히 보여줍니다."[37] 웨슬리는 그의 공식적인 은혜의 수단 목록에 세례를 포함시키지 않았지만, 이것이 그가 세례를 평가 절하했기 때문이 아니라 신앙 공동체에 대한 초기적 역할과 신자의 삶에서 단일 사건으로서 세례를 포함했기 때문입니다. 따라서 웨슬리는 다른 은혜의 수단이 계속적인 거룩함 추구를 위해 반드시 반복되는 것으로 본 반면, 세례는 성결한 삶의 시작점을 의미한다고 보았습니다.[38] 웨슬리는 세례적 견해에 있어서 영국 개혁자들과 많은 부분 일치했지만 두 가지 실질적인 면에서 달랐습니다. 매덕스(Maddox)에 따르면, 웨슬리는 "법적 사면(죄책감과 용서의 필요성에 초점)"을 부여하는 것보다 "우리 삶의 은혜로운 변화"를 더 높이 평가했습니다. 이것은 세례가 죄를 용서받았다는 표시일 뿐만 아니라 우리의 죄성과 아울러 죄가 우리에게 가한 상함을 치유받고 있다는 것을 의미하기 때문에 중요한 구별입니다.[39] 덧붙여서 웨슬리에게는 세례의 은총이 "그리스도인의 삶을 시작하기에 충분"하지만, 은혜의 수단이 완전히 효율적으로 되도록 주어진 은혜에 응답하고 책임감있게 참여해야 했습니다.[40] 이런 의미에서 세례는 거룩한 삶을 가꾸는데 필요한 일에 온전히 참여하겠다는 의지의 표시이자 상징입니다.

나사렛 역사가이자 학자인 폴 바셋(Paul Bassett)은 4세기 후반부터 기록된 세례 전례의 가장 초기의 기록에는 주례자의 안수와 함께 다음과 같은 말이 포함되어 있다고 내게 말했습니다. (나의 의역) "우리 주 예수

98; 매덕스(Maddox), 책임적인 은총(Responsible Grace), 222.
  37. 라이트(Wright), 그리스도인의 미덕(After You Believe), 281.
  38. 라이트(Wright), 그리스도인의 미덕(After You Believe), 281.
  39. 구원의 의미와 관련하여 서양 (라틴)과 동양 (헬라) 기독교 전통 사이에는 상당한 차이가 있다. "서구 기독교 (개신교와 가톨릭 모두)는 죄책감과 사죄에 대한 지배적인 법적 강조를 특징으로 하는 반면, 동방 정교회의 구원학은 일반적으로 우리의 죄악된 본성을 치유하기 위한 치료적 관심을 더 강조했다." 매덕스(Maddox), 책임적인 은총(Responsible Grace), 23. 세례의 의미이 대한 웨슬리의 견해는 둘 다 포함되었지만 치유와 생명을 주는 측면을 강조했다.
  40. 매덕스(Maddox), 책임적인 은총(Responsible Grace), 23.

그리스도의 은혜와 치유를 지금 받으라. 물과 성령으로 태어난 그대가 신실한 증인이 되는 일에 있어서 성령의 능력이 그대 안에 역사하기를 기도하노라." 요컨대, '나는 은혜를 받았습니다. 나는 치유되고 있습니다. 나는 예수님의 제자가 될 것입니다'라는 것입니다.

책임있는 관계

영적으로 책임있는 관계의 중요성에 대한 언급없이 제자도의 삶에서 지속케 하시는 은혜를 논의하는 것은 불완전할 것입니다. 특히 웨슬리안-성결 전통에 있는 사람들에게는 더욱 그렇습니다. 웨슬리는 성장하는 모든 기독교인에게 필요하다고 믿었던 실용적인 체계를 개발했습니다. 자기 중심적 성향(자기 인식 부족으로 이어짐)과 고립된 삶을 살려는 끈질긴 유혹을 이해한 웨슬리는 "그리스도인의 모임"이라고 부르는 5단계를 제정했습니다. 이들은 신도회(기독교 교육을 위해 고안된 주일 학교 수업과 유사), 속회(나중에 자세히 설명), 밴드(소그룹), 선발신도회(리더십 개발 및 멘토링), 참회 밴드(회복 그룹)였습니다.

모든 그리스도인의 모임이 은혜의 수단으로 유익하지만, 웨슬리는 속회가 기독교 공동체의 심장이며 그리스도를 닮아가는 데 중요하다고 믿게 되었습니다. 그것은 감리교 운동의 "방법"이 되었고, 대부분은 성결한 삶에 대한 웨슬리의 가장 큰 조직적 공헌이라고 주장합니다. 주요 초점은 기독교 교육 그 자체가 아니라 영적 변화에 가장 적합한 실용적인 디자인과 환경을 강조하는 행동에 있었습니다. 성경 공부와 교리적 가르침은 중요했지만 선발신도회에서 다루어졌습니다. 사람들은 속회 모임에서 각 회원의 영적 성장에 대해 질문했습니다. 그들은 서로의 눈을 바라보며 "당신의 영혼은 어떻습니까?"라는 질문을 했습니다. 그들은 은혜 안에서 성장하는 것에 대해 서로 책임을 지고 마음과 삶의 거룩함을 향하여 서로에게 박차를 가하는데 필요한 모든 격려를 제공했습니다.[41]

---

41. 속회 모임의 이 부분은 도시 사역에 관한 나의 책에서 발췌한 것이다. 기독교 모임과 속회 모임이 감리교에 미치는 영향에 대한 자세한 내용은 데이비드 뷰직(David A. Busic)

18세기에 가장 유명한 설교자는 존 웨슬리가 아니었습니다. 또 다른 영국인 조지 휫필드(George Whitefield)가 유명했습니다. 설득력있고 역동적인 설교자인 휫필드는 보편적으로 서구 전역에서 개신교의 목소리로 여겨졌고 북미 대각성 운동의 원동력 중 하나였습니다.[42] 웨슬리와 휫필드는 친한 친구였으며 서로가 교회를 건강하게 만드는데 기여한 것을 존중했습니다. 그럼에도 불구하고 결국 웨슬리의 사역은 지속되었고 휫필드의 사역은 그렇지 않았습니다. 웨슬리보다 조금 젊은 동시대 사람인 아담 클라크(Adam Clarke)는 웨슬리주의 부흥의 지속적인 결실의 직접적인 원인이 속회에 있다고 보았습니다.

　오랜 경험을 통해 나는 웨슬리 씨의 조언이 적절하다는 것을 안다. "당신이 설교하고 주의깊게 경청한 청중이 있는 곳에서 속회 모임을 시작하십시오. 왜냐하면 우리가 그렇게 하지 않고 설교한 곳은 그 말씀이 길가에 뿌려진 씨와 같기 때문입니다." 이것이 [은혜의] 수단으로써 우리는 전 세계에 영구적이고 거룩한 교회를 세울 수 있게 되었다. 웨슬리 씨는 처음부터 이것의 필요성을 깨달았다. 휫필드 씨는…. 그것을 따르지 않았다. 그 결과는 무엇이었을까? 휫필드 씨의 수고의 열매는 그가 죽을 때 함께 죽었다. 웨슬리 씨의 열매는 남았고 번식하고 있다.[43]

　휫필드 자신은 웨슬리 부흥의 영향에 대한 질문을 받고 나중에 다음과 같이 대답했습니다. "제 형제 웨슬리는 현명하게 행동했습니다. 그의 사역 하에 영적으로 깨어난 영혼들은 그가 함께 하는 속회 [모임]에 참여하여 그의 수고의 열매들을 잘 간직할 수 있었습니다. 나는 이것을 무시했고, 내가

의 책, 도시: 웨슬리안 성결전통에 있어서의 도시교회(The City: Urban Churches in the Wesleyan-Holiness Tradition)(Kansas City, MO: The Foundry Publishing, 2020)를 참고하라.

　42. 해리 S. 스타우트(Harry S. Stout), 신성한 극작가: 죠지 휫필드와 현대복음주의의 출현(The Divine Dramatist: George Whitefield and the Rise of Modern Evangelicalism)(Grand Rapids: Eerdmans, 1991), xiii-xvi.

　43. 에더리지(J. W. Etheridge), 아담 클라크목사의 생애(The Life of the Rev. Adam Clarke), (New York: Carlton and Porter, 1859), 189.

양육한 사람들은 아주 약한 유대감을 갖고 있습니다."[44]

제자도는 개인적(personal)일 수는 있지만 사적(private)이어서는 안됩니다. (제자도는 혼자서 행할 수는 있으나 다른 사람과 관계되지 않는 사적인 것이어서는 안된다는 의미 - 역자 주) 고립된 그리스도인들은 위험에 처해 있습니다. 왜냐하면 고립되어 편협한 믿음은 약하고 열매없는 제자들을 생산하기 때문입니다. 공동 예배와 기독교 교육은 유익하고 필요하지만, 받은 지식의 적용이 수반된, 사랑하며 친밀한 관계를 나누는 공동의 삶이 없다면 우리는 "우리 자신의 구원을 이루기"(빌 2:12) 위한 일에 어려움을 겪게 될 것입니다. 은혜 안에서 건강하고 행복한 성장의 비결은 웨슬리가 반복해서 사용하는 "사랑으로 서로를 지켜주기"라는 문구에 있습니다.[45]

자제력의 자비

기도하는 법 배우기, 금식, 성경 읽기, 적용, 연구, 단순성, 고독, 복종, 봉사, 고백, 예배 및 관계적 책임은 모두 은혜의 수단의 예입니다. 이것들과 아울러 다른 비슷한 영적 훈련은 지속케 하는 은혜의 핵심입니다.

"저는 그런 일에 대한 소질이 없습니다!"라고 말할 수 있습니다. 여러분만 그런 것이 아닙니다. 사실 처음에는 아무도 소질을 가지고 있지 않습니다. 매력적이지 않으며 노력과 지속적인 연습이 필요한 일들입니다. 성령의 도움으로, 이전에 쉽게 되지 않았던 것이 제2의 본성이 되기까지 우리의 옛 본성이 새로운 것으로 변화되고, "너희 속에 그리스도의 형상을 이루기까지"(갈 4:19) 우리의 옛 본성은 새로운 본성으로 변화되고 있다는 것을 잊지 마십시오. 그래서 절제가 성령의 열매의 마지막 특성으로 나열되는 이유일 것입니다. 열매는 자동적으로 맺지 않기에 절제력이 필요합니다. 꽃은 열매의 초기적인 가능성을 보여 주지만, 적절한 집중과 의도적인 관심 없이는 성숙한 열매를 맺지 못하게 됩니다.

---

44. 에더리지(Etheridge), 아담 클라크목사의 생애(The Life of the Rev. Adam Clarke), 189.
45. 요한 웨슬리(John Wesley), "연합신도회의 성격, 형태, 그리고 규칙"("The Nature, Design, and General Rules of the United Societies,") Works, 9.69.

라이트(Wright)는 실제로 일부 열매들의 모형을 만들어 낼 수 있다는 점을 다음과 같이 지적합니다. "바울이 언급한 모든 종류의 열매들은 특히 절제를 제외하고는 젊고 건강하고 행복한 사람들이 위조하기가 비교적 쉽다. 절제가 거기에 없다면, 다른 종류의 열매의 출현이 성령의 진정한 표징이라기보다는 그저 겉모습으로 보여지는 것인지 항상 물어볼 가치가 있다."[46] 그러므로 절제력이 거룩한 삶을 재배하기 위한 확고한 헌신을 뒷받침하는 것은 당연합니다.

많은 기생충들, 열매를 맺는 나무를 질식시킬 수 있는 많은 외계 관목들, 뿌리를 갉아 먹거나 익기 전에 열매를 먹을 준비가 된 많은 포식자들이 있습니다. 그러한 모든 원수를 자비심없이 다룰 생각과 마음, 의지의 의도적인 선택이 있어야 합니다. 단지 당신이 "성령 안에서 산다"는 이유만으로 성령의 지시를 따르는 것이 자동으로 되는 것은 아닙니다. 당신이 그렇게 하기로 선택해야 합니다. 그리고 할 수 있습니다.[47]

지속케 하시는 은혜: 영적이고 실용적인

지속케 하시는 은혜는 영적이며 실제적입니다. 성령을 받아들인 점에서 영적입니다. 옅개가 살아있는 것에서 나오는 자연적 산물인 것처럼 영적인 열매도 성령의 산물입니다. 우리가 성령의 능력으로 우리 안에 있는 하나님의 깊은 역사를 제조해 낼 수 없습니다. 그것은 외부에서 오는 것이므로 전적으로 선물입니다. 그러나 그것은 또한 실제적입니다. 다시 말해서 연습이 필요합니다. 이러한 연습은 정원 가꾸기와 비슷해서 우리 안에서 시작된 것은 "이루심"(빌 1:6)과 "의의 열매가 가득"(빌 1:11) 하게 될 것입니다. 월요일에 옥수수를 심는 농부는 다음 일요일에 옥수수를 먹을 것으로 기대하지 않습니다. 씨뿌리기에서 수확에 이르기까지 재배와 시간이 필요합니다. 물과 햇빛이 필요하고 비료를 뿌려야 하며 결실의 혜택을 누리려면 잡초를 뽑아야 합니다.

---

46. 라이트(Wright), 그리스도인의 미덕(After You Believe), 196.
47. 라이트(Wright), 그리스도인의 미덕(After You Believe), 196–197.

우리는 인스턴트 커피, 전자 레인지에서 만든 팝콘, 초고속 인터넷 등 모든 것을 즉시 사용할 수 있는 문화에서 살고 있습니다. 커피숍에서 Wi-Fi에 연결하는 데 몇 초 이상 걸리면 사람들은 노트북에 대고 소리를 지릅니다. 모든 것이 즉각적으로 되어야 한다는 기대는 모든 사람을 참을성 없게 만듭니다. 어디에서 왔을까요? 나는 그것이 오늘날의 현상이 아닌, 즉각적인 만족을 위한 뿌리깊은 욕구에 의해 촉진되었다고 생각합니다. 그것은 인류 역사와 함께 아주 오랫동안 함께 해왔습니다. 즉각적인 만족감을 주는 치명적인 바이러스의 예가 성경에 많이 있지만, 장자권으로 유명한 에서가 가장 오명을 쓴 사람입니다. 그러한 오명은, 길었지만 사냥에 실패한 하루의 마무리쯤에 생겨났습니다. 그가 집으로 돌아 왔을 때 그는 배고팠습니다. 그의 교활한 이란성 쌍둥이 형제 야곱은 붉은 죽을 준비하고 있었습니다. 에서는 먹을 것을 달라고 했습니다. 계속적으로 머릿속 계산을 하면서 야곱은 "형의 장자의 명분을 오늘 내게 팔라"(창 25:31)라는 제안을 합니다.

장자권, 즉 맏아들의 권리(태생의 법칙이라고도 함)는 가장 나이 많은 남자 아이에게 재정적 특권과 가족 안에서의 권위를 보장하는 상속의 관습 법칙이었으며, 이는 귀하고 유익한 축복이었습니다. 야곱이 에서에게 그런 귀중한 소유물을 죽 한 그릇에 팔라고 요구하는 것은 터무니없는 일이었습니다. 그런데 에서의 반응도 똑같이 터무니 없었습니다. "내가 죽게 되었으니 이 장자의 명분이 내게 무엇이 유익하리요?"(25:32). 그는 자신의 가장 가치있고 귀중한 소유물을 순간적인 만족을 위해 기꺼이 거래할 생각이었습니다. 말 그대로 팥죽 한 그릇 때문이었습니다.

어떤 종류의 충동적인 사람이 무한하고 헤아릴 수 없는 가치의 무언가를 잠시 후에 끝날 순간적인 만족과 바꾸려 할까요? 그러나 우리의 즉각적인 만족 문화는 항상 그렇게 합니다. 무한하고 헤아릴 수 없는 가치의 무언가를, 가치가 훨씬 덜 하다고 그들이 알고 있는 무언가와, 즉 오래가는 무언가를 오래가지 못하는 무언가로 교환합니다. "나는 내가 원하는 것을 원하고 지금 그것을 원합니다! 나의 모든 것을 다 지불하더라도 식욕이 해소되기를 바랍니다." 히브리서의 저자가 에서의 행동을 죄 많은 부도덕과 동일시하는 것은 당연합니다. "행하는 자와 혹 한 그릇 음식을 위하여 장자의 명분을 판에서와 같이 망령된 자가 없도록 살피라. 너희가 아는 바와 같이 그가 그 후에 축복을 이어받으려고 눈물을 흘리며 구하되 버린 바가 되어 회개할 기회를 얻지 못하였느니라"(히 12:16~17). 무시해서는 안되는 비극적이고 배우기 어려운 교훈입니다. 성화된 삶을 위해서는 훈육이 필요하며, 제자도의 과정을 짧게 단축시킬 수 없습니다.

타이거 우즈(Tiger Woods)는 역사상 가장 위대한 골퍼 중 한 명으로 찬사를 받고 있습니다. 골프를 배웠던 젊은 시절, 나는 그의 스타일을 따라하려고 했습니다. 타이거와 같이 몬스터 드라이브를 치고 싶었고, 타이거와 같은 정밀한 정확도의 아이언을 치고 싶었고, 타이거와 같은 부드러운 칩 샷을 하고 싶었고, 타이거의 자신감을 가지고 퍼팅을 하고 싶었습니다. (나는 타이거와 똑 같은 상표의 모자를 사기도 했습니다.) 단 하나의 문제가 있었다면 타이거는 매일 몇 시간씩 연습을 했고, 그 연습을 거의 걸음마를 할 시기에 시작하였다는 것입니다.[48] 그가 세계 최고의 골퍼가 됐을 때도 관계자들은 말하기를 그가 누구보다 더 열심히 연습한다고 했습니다. 나는 타이거 우즈처럼 골프를 하고 싶다고 말할 수 있지만, 그러한 욕구에 상응하는 철저한 연습에 시간을 투자하지 않는 한 그 말은 의미가 없습니다. 순간의 만족으로는 충분하지 않습니다. 나의 소원이 얼마나 큰가와 관계없이 골프 게임은 훈련에 대한 헌신에 비례합니다.

때때로 사람들은 "저도 저 자매처럼 되고 싶어요. 그녀는 하나님과 상당히 가까워 보입니다. 나는 그녀 안에서 예수님을 봅니다. 그녀는 성녀입니다"라고 말합니다. 그녀를 그리스도 닮는 삶의 좋은 본보기로 삼고 그녀의 생활 방식을 본받는 것은 나쁘지 않지만, 사람들이 알지 못하는 것은 그녀가 묵상과 기도로 주님과 홀로 보낸 수많은 시간입니다. 영적 훈련의 시간들, 그것이 지금 그들이 보는 현재의 그녀를 만들었습니다. 순간의 만족을 채우는 것으로 그녀가 현재에 도달한 것이 아닙니다. 영적인 훈련은 그녀의 아름다운 성품을 형성했습니다. 그녀는 성령의 열매를 맺었습니다.

---

48. 우즈는 두 살 때 유명한 TV프로그램에 나와서 그의 골프 실력을 보여주었다.

그래서 사랑, 희락, 화평, 오래 참음, 자비, 양선, 그리고 절제가 그토록 분명해 보인 것입니다.

거룩함은 한 순간이 아니며 '짜잔!'하면서 덕목을 얻는 것이 아닙니다: 그것은 형성되어지는 것입니다. "회심은 선물이자 성취입니다. 그것은 순간의 행위이자 일생을 통해 해야 할 일입니다."[49] 장기적인 관점에 따른 인내가 은혜의 여정에 필요한 것입니다. 우리는 열매를 가꾸어야 합니다.

하나님의 가능케 하시는 은혜에 관한 이 장을, 천 년이 넘는 기간 동안 성도들이 기도해 온 정결함을 위한 기도로 마무리하는 것이 좋겠다고 생각합니다.

전능하신 하나님, 당신에게는 모든 마음이 열려 있고 모든 욕망이 알려져 있으며 당신에게서 비밀이 숨겨지지 않습니다. 성령의 영감으로 우리 마음의 생각을 깨끗하게 하여 우리가 당신을 완벽하게 사랑하고 당신의 거룩한 이름을 영화롭게 할 수 있도록 해주십시오. 그리스도 우리 주님의 이름으로 기도합니다. 아멘.[50]

---

49. 존스(Jones), Conversion, quoted in Foster and Smith, Devotional Classics, 281.

50. 성공회기도서(The Book of Common Prayer)(Cambridge: Cambridge University Press, n.d.), 97-98.

6
충분한 은혜

> 나에게 이르시기를 "내 은혜가 네게 족하도다
> 이는 내 능력이 약한 데서 온전하여짐이라" 하신지라.
> (고후 12:9)

은혜란, 성령의 임자 안에 나타난 예수 그리스도의 인격과 사역을 통해 경험되고 알게 된, 인격적인 것이라고 이 책 첫 머리에서 말했습니다. 토마스 랭포드(Thomas Langford)가 지적한 바와 같이, 은혜는 추상적인 원리로 알게 되는 것이 아니라 "역사 속에서 일어난 실제적인 하나님의 자기 희생"[1]으로서 알게 됩니다. 예수 그리스도 안에, 그리고 성령 안에 그 존재가 있으며 찾으시고, 구원하시고, 성결케 하시고, 지속케 하시는 은혜를 통해서 삶의 쇄신이 경험됩니다. 이 마지막에 있는 은혜의 성경적 표현은 나에게 가장 신비한 것입니다.

쉬운 삶을 사는 것처럼 보이는 사람들은 하나님과 멀리 떨어져 있는 것처럼 보이는 반면에, 큰 어려움을 겪으며 가장 큰 개인적 고통을 겪는 사람들이 종종 하나님과 친밀한 가까움을 느끼는 이유가 궁금한 적이 있습니까? 언뜻 보기에 두 가지 모두 납득이 안 되는 것처럼 보입니다. 문제가 적은 사람들이 심한 고통을 견디는 사람들보다 더 행복하고 더 큰 평안함에 둘러 싸여있을

---

1. 토마스 랭포드(Thomas A. Langford), 은혜에 관한 숙고(Reflections on Grace) (Eugene, OR: Cascade Books, 2007), 107.

것이라고 생각하는 것이 합리적이지만 오히려 그 반대의 경우가 종종 사실일 때가 많습니다. 그러한 역설을 어떻게 설명할까요?

"뜻이 하늘에서 이루어진 것 같이 땅에서도 이루어지이다"라는 기도는 세상에서 일어나는 일 전부가 하나님의 뜻은 아니라고 고백하는 것입니다. 우리는 악이 하나님으로부터 기인한다고 말하지 않습니다. 만일 그렇게 말한다면 우리는 하나님의 성품을 훼손하는 것입니다. 십계명중 세 번째 계명은 하나님의 이름을 망령되이 일컫는 것을 금합니다. 이것은 저주하는 것보다는 오히려 세상에서 하나님을 왜곡하는 것과 더 관련이 있습니다. 악한 것을 하나님으로부터 받은 것이라고 하거나, 하나님으로부터 온 것을 악한 것이라고 하는 것은 심각한 일입니다. 그럼에도 불구하고, 일어나는 모든 일이 하나님의 뜻은 아니지만, 우리 하나님은 전능하고 모든 것을 사랑하시기 때문에 모든 것, 특히 하나님이 자신의 것이라고 주장하는 것과 그리스도 안에 거하는 사람들과 관련하여 하나님의 뜻이 있다는 것은 언급되어야 합니다. 성경은 의도된 악이 개입된 경우에도 모든 것을 되찾는 것이 하나님의 주특기 중 하나임을 상기시켜 줍니다. 요셉은 질투심 많은 형제들에게 이렇게 말했습니다. "당신들은 나를 해하려 하였으나 하나님은 그것을 선으로 바꾸사 오늘과 같이 많은 백성의 생명을 구원하게 하시려 하셨나니"(창 50:20). 바울도 "우리가 알거니와 하나님을 사랑하는 자 곧 그의 뜻대로 부르심을 입은 자들에게는 모든 것이 합력하여 선을 이루느니라"(롬 8:28)라고 우리를 상기시킵니다. 요셉은 하나님이 그의 형제들로 하여금 그를 애굽의 노예로 팔게 하셨다고 말하지 않았습니다. 그는 하나님께서 그들의 사악한 의도가 결말이 되도록 하지 않으실 것이라고 말했습니다. 바울은 하나님이 자신의 백성에게 나쁜 일이 일어나게 하신다고 말하지 않습니다. 오히려 그는 하나님께서 선과 악을 막론하고 모든 일에 신실하시며, 부서지고 깨어진 것처럼 보이는 것을 취하여 치유하고 거룩하게 만드신다고 말했습니다. 이 성경구절들은 왜 가장 큰 고통을 겪는 그리스도 안의 사람들이 또한 가장 큰 평안을 경험하는 사람들인지를 설명합니다. 은혜의 여정 속에서 힘든 여건과 어려운 상황을 겪는 온전히 헌신된 예수님의 제자의 삶에서 뭔가가 일어납니다. 그들은 약함 속에서 자신을 지탱할 뿐 아니라 가장 큰 어려움 속에서 필요한 것을 제공하시는 하나님의 충분한 은혜를 경험합니다.

약할 때 온전히 강해짐

사도 바울은 1세기 고린도 교회에 보낸 두 번째 편지에서 충분한 은혜에 대해 말했습니다. 바울에 따르면 고린도 사람들에게 편지를 쓰기 14년 전에 그는 "셋째 하늘에 이끌려"(고후 12:2) 가서 하나님의 환상을 받았습니다. 대부분의 성경학자들은 바울이 여러 수준의 하늘이 있다고 주장한 것이 아니라 평범한 인간의 능력으로 볼 수 있는 한계를 넘어서는 계시를 묘사하고 있으며, 그가 성령의 감동으로 물질적 영역을 넘어선 무언가를 인식할 수 있었다고 봅니다. 고린도 교인들과 우리에게 말하는 그의 요점은 그가 하나님의 임재를 강력하게 만났고, 부활하신 그리스도를 보았으며 그래서 결코 이전과 같지 않다고 말하는 것이었습니다. 그 경험은 그의 삶을 변화시켰습니다.[2]

그러한 행복감을 주는 경험은 영적으로 자랑스럽고 자만하게 만들 수도 있습니다. 잠재적인 위험을 인식하고 있는 바울은, 또한 속된 자만에 빠지지 않기 위해 자신이 "육체의 가시"(12:7)를 받았다고 덧붙입니다. 가시가 무엇을 의미하는지는 명확하지 않습니다. 그 문제가 육체적, 정서적 또는 관계적인 것인지는 알 수 없습니다.[3] 분명한 것은 바울이 그것을 "나를 괴롭히는 사탄의 사자"라고 불렀고 그의 연약함을 상기시킬 정도로 바울에게 너무나 무거운 짐이 되었다는 것입니다(12:7). 그는 하나님께

---

2. 더글러스 워드(Douglas Ward), ("삼층천", 더 보이스: 성장하는 그리스도인들을 위한 성경적, 신학적 자료들) "The 'Third Heaven,'" The Voice: Biblical and Theological Resources for Growing Christians, 2018, https://www.crivoice.org/thirdheaven.html. 많은 학자들은 바울이 고린도후서에서 묘사한 환상이 부활하신 그리스도와의 다메섹 도상에서의 만남에 대한 언급이라고 주장한다.

3. 어떤 사람들은 육체에 있는 바울의 가시가 피부 상태, 극심한 시력 문제 또는 간질 등 육체적이라고 추측했다. 다른 사람들은 가시가 교회 박해자로서의 과거에 대한 기억과 유대 그리스도인들에게 뒤따를 수 있는 관계적 어려움이라고 제안했다.

그것을 떠나가게 하고 그의 결점을 제거해달라고 간절히 구했습니다. 그렇게 되면, 그는 더 강력하고 더 나은 교회 지도자가 될 것 같았습니다. 가시가 무엇인지 더 알아보기 전에 바울이 강한 사람이라는 것을 기억합시다. 그는 영적으로 약한 사람이 아니었습니다. 성경 다른 곳에서 바울은 사도로서 자신의 고난을 자세히 설명합니다.

> 나는 그들보다 더 열심히 일했고, 그들보다 더 자주 투옥되었고, 매도 셀 수 없을 만큼 많이 맞았고, 죽음의 고비도 여러 차례 넘겼습니다. 유대인들에게 매 서른아홉 대를 맞은 것이 다섯 차례, 로마 사람들에게 매질을 당한 것이 세 차례, 돌로 맞은 것이 한 차례입니다. 세 차례나 배가 난파되었고, 망망한 바다에 빠져 꼬박 하루를 보내기도 했습니다. 해마다 고된 여행을 하면서 여러 개의 강을 건너고, 강도들을 피해 다니고, 벗들과도 다투고, 적들과도 싸워야 했습니다. 도시에서도 위험에 처하고, 시골에서도 위험에 처했으며, 태양이 작열하는 사막의 위험과 폭풍이 이는 바다의 위험도 겪었고, 형제로 여겼던 사람들에게 배신도 당했습니다. 단조롭고 고된 일과 중노동을 겪고, 길고 외로운 밤을 여러 차례 지새우고, 식사도 자주 거르고, 추위에 상하고, 헐벗은 채 비바람을 맞기도 했습니다.[4]

문제가 많은 교회와 견딜 수 없는 교인들을 상대하면서 주어지는 지속적인 부담과 불안은 말할 것도 없습니다!

바울의 시련 목록을 다시 읽으십시오. 그는 그 모든 것을 견뎌냈고 의심할 여지없이 더 많은 것들을 견뎌냈습니다.(뱀에 물린 사건도 떠 오릅니다). 아직도 바울이 섬세한 꽃도 아니고 투덜대며 불평하는 사람도 아니라고 확신합니까? 이것은 가시가 무엇이든 바울에게 하찮은 것이 아니라고 추정하게 합니다. 바울은 세 번 이상 이 가시의 존재를 밝히면서 제거해달라고 하나님께 간구했습니다(성경적 표현: "지속적으로 간구하다"). 바울은 그가

---

4. 피터슨(Peterson), The Message, 2 Corinthians 11:23–27.

매우 심각한 위험에 처했었다는 것을 우리에게 알리고 있습니다. 그는 자신을 짓누르는 짐을 지고 있었고, 그 무게에 걸려 넘어지는 것을 느낄 수 있었습니다. 바울의 눈에는 작은 길이 아니었고 그래서 치유를 위해 기도했습니다. 주님은 그의 기도에 응답하셨지만 그가 예상한대로 응답하지 않았습니다. "아니, 바울아, 너는 가시를 계속 가지고 있게 될 것이다. 그러나 이것을 알라: '내 은혜가 네게 족하도다. 이는 내 능력이 약한 데서 온전하여짐이라'(고후 12:9). 너는 나없이 가장 강한 순간에 있는 것보다 내가 너와 함께 있을 때 너의 가장 약한 순간이 더 강하다. 나의 힘은 네 약점에서 완전해진단다."

주의 팔에 안김

충분한 은혜는 주님께서 우리에게 이렇게 말씀하시는 것입니다. "네가 인간적 힘의 끝에 다다르면 내가 너에게 나의 초자연적인 힘을 주겠다. 너의 에너지가 다 떨어지면 나의 에너지가 네 안에서 살아나게 될 것이다. 더 이상 갈 수 없을 때 내가 너를 데려고 가 줄게. 잠시 내 품에서 쉬어라."

"모래 위의 발자국"이라는 현대적이고 잘 알려진 시적 비유의 글이 있습니다.

> 한 사람이 꿈을 꾸었다. 꿈에서 그는 주님과 함께 해변을 거닐고 있었다. 하늘에는 그의 인생의 장면들이 스쳐갔고 장면마다 모래 위에 두 사람의 발자국을 보았다. 하나는 그의 것이고 다른 하나는 주님의 것이었다. 그는 일생동안 주님이 그와 함께 걸었다는 사실에 기뻐했다.

> 가장 최근까지의 장면들이 펼쳐졌고, 그는 그의 가장 고통스럽고 슬펐던 시기에는 단 한사람의 발자국밖에 없다는 사실을 알게 되었다.

> 낙담한 그는 주님께 물었다. "주님, 제가 당신을 따르기로 결심하였을 때 언제나 저와 함께 동행하시겠다고 하셨습니다. 그런데 지금 보니 제 삶의 가장 어려운 시기에는 한 사람의 발자국 밖에 없습니다. 제가

주님을 가장 필요로 했던 시기에 주님께서 왜 저를 버리셨습니까?"

주님께서 대답하셨다. "내 사랑하는 아들아, 나는 너를 사랑한단다. 너를 결코 버리지 않는다. 네가 시험받고 가장 고통받던 순간에, 한 사람의 발자국밖에 없었던 그 때에는, 내가 너를 안고 걸었느니라."

찾으시는 은혜의 모습을 이미지 형식으로 상상할 수 있다면 찾아 헤매는 목자, 기다리는 아버지, 깨어나게 만드는 입맞춤처럼 보일 것입니다. 구원하시는 은혜가 이미지라면 그것은 포옹, 입양, 화해처럼 보일 것입니다. 충분한 은혜가 형상이라면 하나님의 품에 안겨 이동하는 사람처럼 보일 것입니다.

"모래 위의 발자국"은 단순한 비유일 뿐 아니라 실제로 내가 계속해서 들었던 실제 삶의 이야기입니다. 내가 담임목사로 재직했을 때, 교회에 극심한 고통과 극도의 비탄에 빠진 사람들이 있었습니다. 어떤 사람들은 어떻게 아침에 잠자리에서 일어날 수 있는 힘이 남아 있는지 궁금할 정도였습니다. 그 사람들은 인내의 한계점에 다다랐고, 유진 피터슨(Eugene Peterson)의 표현을 사용하자면, "나의 절망을 내 뼈 속 깊이 느낄 수 있다"라고 속으로 외치고 있었습니다.

그런데 "목사님, 이건 설명할 수 없습니다. 말도 안돼요. 이 모든 상황에 제가 무너져야 당연하다는 것도 압니다. 그런데요."— 그리고 그들은 바로 이렇게 말을 이어갑니다 —"마치 제가 옮겨지는 것처럼 느껴져요. 저는 이 상실, 이 병, 이 죽음, 이 배신이 너무 슬프고, 그래서 무너져 내려야 하는데, 제 마음에는 평안이 있고 설명할 수 없는 안식이 있습니다. 제가 그것을 설명할 수 있는 유일한 말은 마치 영원한 팔에 안겨있는 것 같다는 것입니다." 한 사람의 발자국, 즉 충분한 은혜입니다.

고통과 관련하여 내가 발견한 것이 하나 있다면, 충분한 은혜는 우리가 가장 필요로 할 때까지 지적 실재로 남아 있다는 것입니다. 사람은 머릿속에서 무언가를 알 수 있지만 마음으로는 알 수 없습니다. 실제로 그것을 경험하고, 들려지고, 옮겨지는 것은 뜻풀이를 넘어서는 것입니다. 이것은 오직 실제로 입증되어야 합니다. 이것이 충분한 은혜입니다. 얼마 전 친구와 이야기를 나누었습니다. "아이를 잃으면 어떻게 할지 모르겠어요. 나는 계속 살아갈 힘을 잃을 것입니다."

나는 대답했습니다. "당신 말이 맞습니다. 당신은 그런 상황을 만나지 않았기에 지금 당장은 살아갈 힘이 없다고 생각할 것입니다. 그런 상황이 안 오기를 바라지만, 만에 하나 그렇게 된다면 거기에 따르는 충분한 은혜가 있을 것입니다."

"딱 맞게 충분한" 은혜

충분한 은혜는 오늘 당신이 필요로 하는 것입니다. 그것은 "딱맞게 충분한" 매일의 선물입니다. 광야의 만나와 같습니다. 하나님의 백성들은 광야를 떠돌고 있었습니다. 먹을 것이 거의 없었고, 하나님께서 제공하지 않으시면 굶어 죽을 것이므로 하나님께서 선물을 주셨습니다. 하늘에서 떡이 내렸습니다. 매일 아침 사람들이 깨어 났을 때 장막 밖 땅에 내렸는데, 신선했습니다. 그들은 그것을 얻기 위해 노력하지도, 일하지도, 값을 지불하지도 않았습니다. 그것은 하나님께서 주신 선물이었습니다. 그들이 해야 할 일은 그것을 모아서 준비하는 것 뿐이었습니다. 한 가지 조건은 보관할 수 없다는 것입니다. 그들은 비오는 날을 위해 맛있는 빵을 그릇에 담아 비축해 둘 수 없었습니다. 그들은 하나님께서 다음날 만나를 보내시지 않을 경우를 대비하여 이불 밑에 만나를 숨길 수도 없었습니다. 그런 시도를 하면 썩었습니다. 벌레가 꼬이고 흐물 흐물해져서 물고기의 미끼처럼 변했습니다. 하나님께서 오늘 자신들에게 필요한 모든 것을 공급해 주실 것이라고 믿고 내일도 같은 일을 하실 것이라고 믿어야 했습니다. 그의 사랑과 긍휼은 아침마다 새롭습니다.

이것이 바로 충분한 은혜의 설명입니다. 내일을 위해 보관할 수 없습니다. 오늘을 위해 충분합니다. 하나님은 우리에게 오늘 필요한 모든 것을 주셨고 그것은 딱 알맞습니다. 내일도 충분할 것입니다. 우리가 더 이상 갈 수 없을 때 우리를 안아서 옮기는 은혜, "네가 무엇을 필요로 하든지 내가" 하시겠다는 은혜입니다. "나에게 이르시기를 내 은혜가 네게 족하도다. 이는 내 능력이 약한 데서 온전하여짐이라 하신지라. 그러므로 도리어 크게 기뻐함으로 나의 여러 약한 것들에 대하여 자랑하리니 이는 그리스도의 능력이 내게 머물게 하려 함이라. 그러므로 내가 그리스도를 위하여 약한 것들과 능욕과 궁핍과 박해와 곤고를 기뻐하노니 이는 내가 약한 그 때에 강함이라"(고후 12:9-10).

붙잡아 주시는 은혜

몇 년 전, 펜실베니아의 한 목회자는 예배 후 인사를 하다가 양복 옷깃에 불독 로고를 단 한 남자를 보았습니다. 회사 로고가 불독인 트럭 회사에서 그 남자가 일했다는 사실을 알지 못했던 그는 순진하게 "그 불독이 무엇을 상징합니까?"라고 물었습니다.

그 남자는 눈을 깜빡거리며 장난스럽게 대답했습니다. "글쎄요, 목사님, 불독은 제가 예수 그리스도를 붙잡고 있는 끈기를 상징합니다."

그 목회자는 "멋있는 상징이긴 한데 나쁜 신학이네요"라고 대답했습니다. 당황한 남자는 "무슨 말씀이십니까?"라고 물었습니다.

"예수 그리스도를 붙잡고 있는 끈기를 의미해서는 안됩니다. 그것은 예수 그리스도께서 당신을 붙잡고 있는 끈기를 나타내야 합니다"라고 목회자가 대답했습니다.

어려운 시기에 있어서 믿음은 우리가 얼마나 강한 지, 또는 얼마나 큰 믿음을 가지고 있는지의 문제가 아닙니다. 가장 어두운 순간에 있어서의 믿음은 실제로 하나님이 얼마나 강하신가의 문제입니다. 우리가 이 여정에서 무엇을 만나든 하나님의 은혜는 우리를 붙잡고 있기에 충분하고 그분의 사랑은 우리가 그것을 이겨내게 할 만큼 강합니다. 삶의 "어떠한 문제든지"의 의미는 예수 그리스도께서 불독의 끈기로 우리를 붙잡고 있으며 결코 우리를 놓치지 않을 것이라는 것을 기억합시다.

제가 목회하던 교회의 한 성도가 갑자기 매우 아팠습니다. 의사들은 무엇이 잘못되었는지 확인하기 위해 다양한 검사를 실시했습니다. 그리고 음식을 먹으면 그녀의 몸에서 심각한 알레르기 반응을 일으키는 아주 희귀한 몸상태가 되는 경우가 있음을 발견했습니다. 매우 심각한 상황으로 발전을 했고 심지어 생명을 위협했습니다. 그 기간 동안에 그녀의 남편은 아프가니스탄에 배치되어 군복무 중이었습니다. 그녀는 마침내 병원에 입원하여 격렬한 알레르기 반응을 일으켜 일시적으로 호흡을 멈추게 만들 수도 있는 의료 검사를 받게 되었습니다. 누구도 그러한 격렬한 반응을 일으키게 되기를 원하지 않을 것입니다. 특히 그 검사 시간이 다가오는 것을 알고 있을 때 더욱 그렇습니다. 그녀는 "목사님, 저는 너무 무서웠습니다. 공포스러웠습니다. 병원 침대에 누워서 신세를 한탄했고 왜 저에게 이런 일이 일어났는지 궁금해 했습니다. 무엇보다도 남편이 수천 마일 떨어져 있다는 사실이 속상했습니다. 전 두려웠고 매우 외로웠습니다."

검사시간이 왔고 그녀는 공포스러워 했습니다. "'겁에 질려 몸이 굳는다'라는 말이 무엇인지 이제 알 것 같았어요. 저는 말 그대로 움직일 수 없었고 기도조차 할 수 없다는 것을 알았습니다. 전에는 기도할 수 없었던 적이 없었는데 이번엔 제가 최대한 할 수 있었던 유일한 기도는 '하나님, 제발 도와주세요'였습니다."

그녀는 검사를 담당한 간호사에게 "크리스챤이세요?"라고 물었습니다. 간호사가 "그렇습니다"라고 대답하자 그녀는 "나를 위해 기도 좀 해주시겠어요?"라고 했습니다.

간호사는 망설이지 않고 "물론입니다"라고 대답했고 위로와 치유를 위해 간단한 기도를 했습니다.

그 성도는 나중에 이렇게 말했습니다. "그녀가 기도할 때 정말 놀라운 평안이 제게 임했어요. 마치 하나님이 저에게 손을 얹고 저를 품에 안아 올리시는 것과 같았습니다." (그녀는 정말 이렇게 말했습니다.) "저는 하나님이 저와 함께 계시다는 것을 알았고 갑자기 두려움이 사라져 버렸습니다."

그들은 검사를 시행했고 놀랍게도 그녀는 격렬한 반응을 보이지 않았습니다. "목사님, 제 속에서 갑자기 기쁨의 샘이 떠오르는 것을 느꼈습니다. 충만한 기쁨이었습니다. 병실에서 춤을 출 수 있었다면 그랬을 것입니다!"

바로 그 때, 간호사는 그녀가 입고 있던 방사선 조끼를 벗었는데 커다란 펜던트 십자가 목걸이를 하고 있었습니다.

그 때의 생생한 기억과 함께 눈물을 흘리면서 그 성도는 말했습니다. "그 때 깨달았어요. 하나님은 항상 저와 함께 계셨는데 전 단지 그를 볼 수 없었을 뿐이지요. 전 그분의 존재를 느낄 수 없었지만 그분은 거기에 계셨어요. 그분은 계속 거기에 계셨어요. 남편이 아프가니스탄에 있었지만 저는 여전히 그리스도의 신부였던 겁니다. 예수님은 그 순간 제 남편이셨고, 제 곁에 서서 저를 안고 걸으셨습니다."

은혜의 여정에서 하나님의 충분한 은혜는 다양한 방법으로 우리를 붙잡아 주지만 가장 중요한 방법 중 하나는 그리스도의 몸인 교회를 통하는 것입니다. 우리가 고통 속에서 하나님의 임재를 기도했을 때 교회의 성도 한 분이 카드나 전화로 이렇게 말하는 방식으로 응답되는 것은 놀랍지 않습니다. "사랑해요. 나는 당신을 위해 기도하고 있어요. 주님은 당신과 함께 계십니다." 또한 우리가 때때로 견딜 수 없는 짐을 지고 교회 공동체로 들어오는데, 그리스도 안에서 형제 자매가 된 분들이 우리에게 팔을 얹고 이렇게 말합니다. "최근에 당신 생각을 많이 했습니다. 당신이 사랑받고 있고 누군가 당신을 위해서 기도하고 있다는 것을 알기를 바랍니다." 이 때 기적 중의 기적, 마치 그 순간 그가 불독의 끈기로 우리를 붙잡는 것처럼, 우리 삶의 가장 어려운 순간에 우리를 안고 가는 것처럼, 예수님의 성육신하신 현존이 우리를 둘러싸고 있을 것입니다.

내 딸 중 하나가 어렸을 때 어둠을 두려워했습니다. 아내와 나는 그 딸을 침대에 안고 "무서워 하지 마. 예수님은 바로 여기에 너와 함께 계셔"라고 말했습니다.

딸아이는 "좋아요, 엄마 아빠. 두려워하지 않을게요"라고 했지만 얼마 지나지 않아 침실 문을 두드리면서 이렇게 말했습니다. "엄마, 아빠! 예수님이 나와 함께 계시다는 것을 알고 있어요. 하지만 엄마나 아빠와 닮은 사람이 필요해요."

맞습니다. 때때로 우리는 우리와 닮은 사람이 필요합니다. 그래서 그리스도의 몸이 있습니다. 기독교 공동체는 인간의 몸을 가진 예수님입니다. 무한한 긍휼과 변함없는 사랑으로 가득 찬 따뜻한 몸을 통해 우리는 하나님의 품에 안겨지고 붙잡힌 바 됩니다.

인내, 연단 및 소망

고통과 고난은 우리가 보통 피하고 싫어하는 것들입니다. 편안함과 건강함을 바라는 것은 잘못이 아닙니다. 그러나 우리는 또한 우리가 약할 때 예수님의 능력이 온전해 진다는 것을 알고 있기 때문에 고통스럽고 괴로울 때에도 기쁨고 희망을 찾을 수 있다는 것을 압니다. 로마에 사는 1세기 그리스도인들에게 보낸 편지에서 바울은 이렇게 말했습니다. "다만 이뿐 아니라 우리가 환난 중에도 즐거워하나니 이는 환난은 인내를, 인내는 연단을, 연단은 소망을 이루는 줄 앎이로다. 소망이 우리를 부끄럽게 하지 아니함은 우리에게 주신 성령으로 말미암아 하나님의 사랑이 우리 마음에 부은 바 됨이니"(롬 5:3-5). 여기서도 바울은 덕목과 성품 형성을 그리스도를 닮는 것으로 언급하고 있습니다.

첫째, 환란은 인내를 낳습니다. 문제, 압박감, 시련은 그리스도를 닮는 우리의 최종 목표(텔로스)와 관련이 없는 우연한 운명이 아닙니다. 신약의 원어에서 "인내"는 휘포모네(hypomone)라는 단어로, 어떤 일이 있어도, 삶의 압박이 우리에게 밀려 올 때에도 굳건히 서 있다는 의미입니다. 어려움은 인내를 낳고 인내는 "무슨 일이 있어도 그만 두지 않을테야"라고 말하는 것입니다. 장거리 달리기와 비슷합니다. 다리가 무거워지고, 폐는 공기를 필사적으로 얻으려 하고, 심장이 터질 것 같은 느낌이 들고, 그래서 그만두기를 원합니다. 그러나 그만 두고 싶은 바로 그 순간이 가장 큰 건강상 유익을 얻기 때문에 계속 달려야 한다는 것을 알고 있습니다. 그것은 휘포모네(hypomore), 즉 압박을 받는 인내입니다. 우리는 삶의 압박과 고통이 인내와 끈기를 낳는다는 사실을 알기 때문에 문제와 시련을 기뻐할 수 있습니다.

둘째, 인내는 연단을 낳습니다. 헬라어 '도키메(dokime)'는 원래 정제되고 모든 불순물이 제거된 금속을 가리켰습니다. 문제와 시련은 인내를 낳고 인내는 연단을 낳습니다. 오늘날 사회의 모든 영역에서 연단은 절실히 필요합니다. 리차드 존 노이하우스(Richard John Neuhaus)는 다음과 같이 강조했습니다. "우리가 그리스도 안에서 새로운 존재가 되는 것은 하나님의 순전한 선물이다. 연단을 쌓는 것은 그 선물의 실현이다. 그것은 그리스도 안에서 우리가 이미 된 사람으로 되어가는 힘든 과정이다. 그리스도인 순례의 일상적인 경험, 평범한 측면에 대한 존중이 필요하다."[5] 노이하우스(Neuhaus)는 단호하게 결론을 내립니다. "연단은 요구가 거의 충족되지 않는 세상에서 좋은 삶을 살 수 있는 용기와 은혜를 의미한다."[6] 사람은 대리로 연단의 능력을 받지 않습니다. 실제 상황의 시험을 통과하면 인내가 생기고 인내가 의롭게 될 때 성실성과 깊이있는 연단을 낳습니다.

셋째, 연단은 소망을 낳습니다. 소망은 하나님이 우리와 함께 계시다는 평온하며 확실한 믿음입니다. 소망은 미래가 어떠하든 우리의 은혜의 여정 동반자가 미래를 지킬 것이라는 자신감있는 기대입니다. 우리 시대의 핵심 문제는 너무 많은 스트레스가 아니라 너무 적은 소망입니다. 실제로 토마스 랭포드(Thomas Langford)는 다음과 같이 말합니다. "소망은 미래를 미루지 않는다. 소망은 과거에 대한 이해를 재구성하고 현재의 삶을 결정한다. 우리는 소망 속에서 변화된 삶을 살고 있다."[7]

도움이 되도록 예를 들어 설명하겠습니다.[8] 고등학교 졸업반 학생들로 가득 찬 교실에서 당신이 왼쪽에 있는 학생을 향해 "고등학교 마지막 학년인데 공부는 잘하고 있니?"라고 물었습니다.

학생은 다음과 같이 대답합니다. "잘 못해요. 여러 과목을 낙제했고, 한

---

5. 리차드 존 노이하우스(Richard John Neuhaus), 사역을 위한 자유(Freedom for Ministry) (Grand Rapids: Eerdmans, 1979), 90.
6. 노이하우스(Neuhaus), 사역을 위한 자유(Freedom for Ministry) (Grand Rapids: Eerdmans, 1979), 88.
7. 랭포드(Langford), 은혜에 관한 숙고(Reflections on Grace), 107.
8. 나는 1990년대에 토마스 튜웰(Thomas Tewel) 목사님의 "불독의 끈기"라는 설교에서 이 비유를 들었다.

과목을 더 낙제하면 졸업하지 못하고 한 학년을 다시 다녀야 해요."

당신이 다시 묻습니다. "그럼 어떻게 할 생각이지?"

"음, 저는 5월에 졸업하기를 바라고 그렇게 되면 가을에 전문대학에 원서를 넣어 보려고 해요."

이제 오른쪽에 있는 학생에게 똑같은 질문을 합니다. "3학년인데 어떻게 지내니?"

"괜찮게 하고 있습니다"라고 그녀가 말합니다.

"대학에 갈 생각이니?"

"물론입니다! 저는 이 미 하버드대학교에 입학했습니다. 그리고 프린스턴, 스탠포드, MIT에서 올 통지서를 기다리고 있는데 다 붙을 것 같습니다."

"너는 아주 훌륭한 학생이구나. 학교에서 몇 등 하는지 가르쳐 줄 수 있겠니?"

"평균 4.3점으로 우리 학년 600명 중에서 전교2등입니다."

"와! 정말 대단하구나! 수능시험(SAT)은 어땠는지 말해 줄 수 있을까?"

"수학영역 780점, 언어영역 760점, 총 1540점을 받았습니다." (각 영역당 800점 만점입니다.)

당신은 생뚱맞게 "내 수능 성적하고 비슷하구나"라고 말한 후 묻습니다. "그래서 넌 뭘 할 생각이지?"

"음, 저는 5월에 졸업하게 되기를 바라고 그렇게 되면 합격한 대학교 중 한 곳에 가서 공부하여 연구 과학자가 되고 싶습니다."

그 말을 들으면서 이런 생각이 들겠지요. "졸업하게 되기를 바란다고?" 이 여학생은 졸업이 확실시 되고 있기에 그것은 문제도 아닙니다.

차이점이 보이십니까? 첫 번째 학생은 희망 너머의 희망을 갖고 있었습니다. 두 번째 학생은 그것이 일어날 것이라는 확신 속의 희망을 가지고 있었습니다. 이와 같은 희망은 미래로 미루어 지지 않습니다. 그것은 과거에 대한 이해를 재구성하고 현재의 삶을 결정합니다. 우리는 이와 같은 희망으로 변화되었습니다. 사람들은 때때로 "하나님이 나를 사랑하시기를 바라. 나는 하나님께서 나에게 등을 돌리지 않기를 바라. 내가 벽에 기대어있을 때 하나님께서 나를 버리지 않기를 바라. 나는 하나님께서 나의 가장 어두운 시간에 나를 붙잡고 힘을 주실 것을 희망해"라고 말합니다. 그리스도인의 희망은 예수 그리스도의 과거, 현재, 미래의 십자가 사랑과 부활의 생명을 주는 힘에 기초합니다. 이 희망은 우리를 실망시키지 않습니다(롬 5:5). 우리는 하나님의 충분한 은혜에 강하게 붙잡혀 있습니다. 그는 불독의 끈기로 우리를 붙잡고 있습니다.

내 영혼을 당신 손에 맡깁니다

우연치 않게, 나는 이 장(chapter)을 코로나바이러스19(COVID-19) 대유행 기간에 썼습니다. 이는 큰 불확실성과 심각한 고통의 시기입니다. 부활절 전날인 성 토요일은 예수님의 죽음을 조용히 묵상하고 어두운 무덤 속에서 지내는 주님의 시간을 기억하는 날입니다. 그런 의도로 선택된, 그 날 읽을 성구집(Lectionary)에 나오는 성구 중 하나인 시편 31편에는 예수님이 돌아 가시기 전에 십자가에서 하신 말씀이 포함되어 있습니다. "아버지 내 영혼을 아버지 손에 부탁하나이다"(눅 23:46). 예수님은 시 31:5을 직접 인용하여 그의 기도에 아바(Abba - "아버지")라는 단어만 추가하셨습니다.

이 예수님의 기도에서 배워야 할 많은 것 중 코로나바이러스19의 험난한 광야에서 눈에 띄는 것은 목숨을 빼앗긴 사람과 명분을 위해 죽음을 허락하는 사람 사이에는 엄청난 차이가 있다는 것입니다. 예수님은 요한복음에서 "이를 내게서 빼앗는 자가 있는 것이 아니라 내가 스스로 버리노라"(10:18)라고 말씀하셨습니다. 그는 자신의 생명을 기꺼이, 아낌없이 포기합니다. 예수님의 십자가 죽음은 약속된 삶의 비극적인 결말이나 실망스럽도록 실패한 사명이 아니었습니다. 그것은 모두 신적 설계였습니다. 십자가는 정사와 권세의 어둠과 죽음의 손아귀에서 우리를 구원하려는 하나님의 우주적 계획이었습니다. 따라서 예수님의 희생은 그에게 부과된 것이 아니라 우리를 위해 기꺼이 받아 들인 것이었습니다. 그는 자신이 하나님의 손에 있다는 것을 알았기 때문에 "내가 내 목숨을 버리는 것은 그것을 내가 다시 얻기 위함"(10:17)이라고 말할 수 있었습니다.

우리도 이런 질문을 하게 될 것입니다. "우리 삶은 빼앗긴 것인가 아니면 내려놓은 것인가?" 주로 신뢰 문제와 관련하여 둘 사이에는 큰 차이가 있습니다. "아버지 내 영혼을 아버지 손에 부탁하나이다"라는 것은 우리가 하늘에 계신 아버지 없이 성취할 수 있는 것보다 더 크고 아름다운 뭔가를 위해 우리의 삶이 주어졌다는 것을 신뢰하는 것을 의미합니다. 예수님께서 자신의 인생에서 가장 어려운 순간에 그 기도를 드리신 것은 그가 겟세마네 동산에서 기도했던 고통스러운 기도를 포함하여 이미 오랫동안 이 기도를 해왔음을 알려줍니다. "당신의 손에"는 온전히 항복하는 기도입니다. 왜냐하면 그것은 우리 자신의 계획과 목적을 포함하여 다른 사람과 상황의 손에서 우리 자신을 빼앗고 기꺼이 우리의 삶을 하나님의 손에 맡기고 있다는 선언이기 때문입니다. 능력의 면에서 그것은 우리 삶의 경험을 재정의하고 재구성하여 그 일이 우리에게 일어나도록 허용하거나 우리의 발걸음을 정리하도록 우리 자신을 하나님의 보살핌에 맡기는 것입니다. 하나는 무언가를 빼앗기는 것이고 다른 하나는 그것을 내려 놓는 것입니다. 손실 또는 항복일 수 있습니다.

예수님은 우리에게 놀랄만한 희생의 힘을 소개하십니다. 그는 하나님께 굴복함으로써 우리가 온 세상의 손실처럼 보이는 것을 온 세상을 위한 이익으로 바꿀 수 있다는 것을 보여줍니다. 프레드릭 비크너(Frederick Buechner)가 "무언가를 희생하는 것은 사랑을 위해 그것을 내어 놓아 거룩하게 만드는 것이다"라고 말한 것은, 누군가가 그것을 우리 손에서 빼내려고 하더라도, 그것이 우리의 통제를 벗어난 것처럼 느껴질 때에도, 우리는 그것을 어떻게 놓을지 결정할 수 있다는 것을 의미합니다. 다른 사람들이 우리에게서 탈취했다고 생각할 때와 우리에게서 강탈하는 것처럼 보이는 상황에서도 우리는 여전히 마지막 순간에 손을 펴서 내어 줄 수 있습니다. 우리는 사랑을 위해 그것을 행함으로, 하나님께 그것을 내려놓음으로, 그것을 거룩하게 만들 수 있습니다.

코로나바이러스 대유행의 초현실적인 경험에서 며칠이 몇 주로 쌓이면서 마치 무언가를 빼앗긴 것처럼 느끼기 쉬웠습니다. 우리는 두렵고, 화가 났고,

불확실하고, 우리의 안전 지대에서 벗어나는 것을 느꼈습니다. 우리는 선택을 해야 했습니다. 우리는 희생자 역할을 하면서 "무언가를 빼앗겼습니다" 라고 말할 수도 있고, 그것을 하나님께 맡기고 "아버지, 나의 영혼을 당신 손에 맡깁니다. 우리는 당신의 계획과 목적에 우리 자신을 내려놓습니다. 우리의 삶은 우리 것이 아닙니다. 우리는 당신에게 속해 있기 때문에 그것들을 내려 놓고, 당신이 그것을 거룩하게 만들 수 있도록 사랑을 위해 그것들을 포기합니다"라고 기도할 수 있습니다. 그것은 우리에게 약간의 신뢰가 필요하지만, 그 대가는 우리의 삶이 하나님을 영화롭게 했고, 우리의 삶이 우연한 사고나 신경 장애가 아니라 우리의 날이 그분의 손에 있다는 것을 아는, 절대적인 평화입니다. 참으로 고통 속에서도 우리는 그의 품에 안겨 있습니다. 세계적인 유행병조차도 우리 삶의 목적과 의미를 결정하지 못합니다. 아무도 우리의 생명을 빼앗을 자가 없습니다. 우리가 내려 놓습니다. 이것이 우리 소망의 실재입니다.

애통의 은혜

충분한 은혜가 우리의 두려움과 의심을 모두 제거하지는 않습니다. 그것을 피할 방법은 없습니다. 희망 속에서도 의문의 여지가 있습니다. 대답보다 질문이 많더라도 믿음을 가질 수 있습니다. 슬픔과 희망을 동시에 유지할 수 있습니다. 가능할 뿐만 아니라 성경적이기도 합니다. 우리는 그것을 애통이라고 합니다. 시편에 나오는 150편의 시 중 감사의 시, 왕을 위한 시, 성전에 올라가면서 드리는 시, 애가, 심지어는 저주의 시(분노의 시)를 포함한 다양한 종류의 시가 있습니다. 하나님의 영감으로 쓰여진 말씀으로서의 시편은 삶의 모든 상황에서 기도하는 방법의 예를 제공합니다.

감사('할렐'-여기서 "할렐루야"라는 단어가 파생됨)의 시편은 삶이 잘 정리되고 하나님의 임재가 특히 가깝다고 느껴질 때 우리가 드리는 찬양의 기도입니다. 반면에 애가는 삶이 힘들고 불안정하고 끝이 보이지 않을 때 고통 속에서 하나님께 부르짖는 기도입니다. 애통 속에서 하는 두 가지 주요 질문은 "왜 이런 일이 일어나고 있는가?"와 "이러한 고난이 얼마나 지속될까?"입니다. 하나님께서 이러한 질문을 허용하시는 것 뿐 아니라, 시편의 70%가 찬양의 기도가 아닌 애통의 기도라는 점도 흥미롭습니다. - '할렐'이 아닌 애통입니다. 예수님 자신도 십자가에서 고난을 당하시는 동안에 애통과 탄식의 기도를 하셨습니다(시 22).

애통의 특징은 의심이 아니라 하나님의 신실하심에 대한 깊은 확신입니다. 애통은 절망의 외침으로 시작될 수 있는 반면에, 가장 중요한 특징은 우리 삶의 어두움, 취약성, 고통에 함께하고 개입하며 관심을 기울이시는 하나님의 본성, 성품, 능력에 대한 깊은 신뢰입니다. 애통은, 멀어 보일지 모르지만 결코 떠나지 않으시는 하나님께 전적으로 의존하고 모든 것을 내려놓는 것입니다.

희귀암 진단을 받은 친구가 있습니다. 흔치 않은 질병이기 때문에 의사들은 다양한 형태의 치료를 시도하고 있으며 그 중 대부분은 실험적입니다. 최선의 치료와 훌륭한 의료기기에도 불구하고 안타깝게도 암이 그의 몸에 계속 퍼졌습니다. 어느 날, 또 다른 나쁜 결과를 들은 후, 그의 아내는 페이스북에 다음과 같은 간증을 올렸습니다. "치료에 관한 선택이 줄어들고 있는 동안 하나님의 임재에 대한 경험은 증가하고 있습니다." 이것은 하나님의 충분한 은혜 안에서 느끼는 의로운 애통과 소망의 너무나 아름다운 표현입니다.

우리는 주님이 없는 가장 강한 순간보다 주님이 우리와 함께 하는 가장 약한 순간에 더 강합니다. 우리는 은혜의 여정에 대해서도 이러한 확신을 가지고 있습니다. 그의 힘은 우리의 약함에서 완전해집니다. 이것이 우리를 실망시키지 않는 희망입니다. 충분한 은혜에 대한 마지막 문장은 베드로의 말로 맺으려 합니다. "모든 은혜의 하나님이…… 잠깐 고난을 당한 너희를 친히 온전하게 하시며 굳건하게 하시며 강하게 하시며 터를 견고하게 하시리라"(벧전 5:10).

후기
예수 그리스도는 주님이시다

> 하나님께 전적으로 드려진 한 사람의 영혼이 주의 영으로
> 단순히 각성된 100명의 영혼보다 더 가치가 있다.

지난 100년 동안 많은 것이 변했습니다. 1920년에 태어나서 2020년도에 살고 있다고 상상해보십시오. 단 한 세기 만에 전 세계 모든 지역의 문화적 환경이 산업에서 정보로(구텐베르크에서 구글로), 시골에서 도시로, 현대적 사고에서 포스트모던적 사고로 바뀌었습니다. 이것들은 지난 500년 동안 변하지 않고 남아 있었던 구조상의 문화적 변화입니다. 천 년의 절반이 지나는 동안 연속적으로 변화하는(이전의 변화에서 발전되었기에 예측되고, 기대 및 관리할 수 있는) 환경이었었는데 이제는 혼란스럽고 예측할 수 없는, 빠르고 불연속적인 변화의 상황으로 옮겨졌습니다.[1] 우리는 거의 유례가 없는 대혼란의 시대에 살고 있습니다.

이렇게 근본을 뒤흔드는 변화는 세상이 어떻게 작동하는지에 대한 오래된 전제에 의문을 제기하는 새로운 상황을 만들어 냈습니다. 그 결과, 교회론(교회의 본질과 구조)과 선교론(교회가 하나님의 선교에 참여하는 방식)은 타협하지 않고 필요에 따라 고도로 적응하게 되었습니다. 그러나 중요한 측면에서 이 빠르고 불연속적인 변화의 시대에 변함없는 것은

---

1. 앨런 J. 록스버그(Alan J. Roxburgh), 선교적 교회의 리더십: 21세기의 성장하는 교회세우기 (The Missional Leader: Equipping Your Church to Reach a Changing World)(San Francisco: Josey Bass, 2006), 7.

예수가 길이요, 진리요, 생명이라는 영원한 원리입니다. 이것을 초대 교회 그리스도인들이 했던 고백을 빌려서 표현하자면 이런 말입니다. "예수 그리스도는 주님이십니다."

"주님"은 은혜의 여정에 필수적인 기반입니다. 우리가 "[   ]는 '주님'이다" 라고 말하면 (그것이 다른 사람이든, 다른 것이든, 자신이든 상관 없이) 궁극적인 목표와 최종 결과를 포함한 전체 이야기를 바꾸게 됩니다. 그러나 우리가 진정으로 예수 그리스도가 영원히 그렇게 되도록 지명된 주님임을 믿는다면 올바른 반응은 단 하나뿐입니다-제자도! 리처드 존 노이하우스(Richard John Neuhaus)는 주권은 "사실에 대한 주장일 뿐만 아니라 개인적이고 공동체적인 충성의 맹세" 임을 상기시킵니다.[2] 예수 그리스도는 주님이기 때문에 우리는 그 분처럼 되기를 원합니다. 우리는 예수님이 하신 일을 하고 싶고 그가 살았던 것처럼 살고 싶습니다. 이것이 기독교 제자도의 정의이며 여전히 예수님이 그의 교회에 들어 가시는 방법입니다.

달라스 윌라드(Dallas Willard)는 신약 성경이 예수 그리스도의 제자에 대한, 제자에 의한, 제자를 위한 책 모음이라는 설득력있는 주장을 합니다.[3] 따라서 제자도의 목표는 자아 실현(self-actualization)("내 진정한 자아를 찾아야 하고 나에게 가장 좋은 것이 무엇인지를 찾아야 한다") 또는 결정론(determinism)의 힘에 눌려 체념("어쩔 수 없어! 내가 원래 이래")하는 것이 아닙니다. 사실, 기독교의 관점에서 볼 때, 자신에게 참되다는 것은 아버지 하나님께서 그의 아들을 닮은 모습으로 다시 만들어 지도록 우리를 부르신 그 자아에게 참되는 것입니다. 예수님을 따르고 그와 같이 되는 것이 이론의 여지가 없는 은혜의 여정의 목표입니다. 복음서를 쓴 요한은 예수님이 그의 아버지처럼 보고 행동하신다는 것을 우리에게 말하기 위해 많은 노력을 기울이고 있습니다. "나를 본 자는 아버지를 보았거늘"(14:9), 그리고 예수님은 말씀이 육신이 되어 아버지로부터 우리에게 오셨고 은혜와 진리가

---

2. 노이하우스(Neuhaus), 사역을 위한 자유(Freedom for Ministry), 98.
3. 윌라드(Willard), 잊혀진 제자도(The Great Omission), 3. 윌라드는 신약에서 "제자" 라는 단어가 269번 나오는 반면 "그리스도인"은 세 번 나오는데 안디옥에 있는 예수님의 제자들을 지칭하기 위해 소개되었다고 반복해서 언급한다 (행 11:26 참조).

충만하였습니다(1:14). 두 질문, '예수님이 누구신가'와 '예수님이 하신 일은 무엇인가'는 동전의 양면이며, 제자도의 본질에 중요한 포인트를 제기하는 실재입니다.

대중적인 생각과는 달리, 하나님은 무심히 손을 흔들면서 "그들이 무엇을 하든 상관 없어. 아이들이 스스로 즐기면서 즐거운 시간을 보내길 바랄 뿐"이라고 말하는 길고 흰 수염을 가진 감상적인 노인이 아닙니다. 반면 하나님은 자녀들이 엉망이 되는 것을 두고 볼 수 없어서 분노하고 처벌하는 가혹한 아버지도 아닙니다. 첫 번째 예는 진리가 없는 은혜입니다. 거룩함의 불이 없는 부드러운 방종은 책임이 없는 관용으로 이어집니다. 두 번째 예는 은혜가 없는 진리입니다. 사랑이 거의 없는 엄격한 율법주의로 이끄는 무자비한 종교입니다. 은혜와 진리의 균형을 유지하는 것은 분명히 쉽지 않지만 거룩한 사랑의 필요성과 진실성을 위해 긴장 상태를 유지해야 합니다.

근본적으로 교회 안의 많은 사람들이 명목상 그리스도인이지만 주님이신 예수 그리스도의 제자는 아니라는 사실이 오늘날 교회의 큰 문제입니다. 성별된 제자도(예수님께서 그렇게 사신 것처럼 하나님의 나라에서 사는 법을 배우는 삶)가, 우리 가운데 가장 완벽한 사람들만이 따르는 것으로, 신자들에게 선택 사항이 된 것은 재앙입니다. 예수님이 우리의 주님(Lord)이 되지 않고도 우리의 구세주(Savior)가 될 수 있다는 생각을 영구화하기 때문일 뿐 아니라, 아마도 더 중요한 것은, 우리를 있는 그대로 받아들이기 위해 은혜가 주어졌지만 우리가 앞으로 되어 가는 것과는 아무런 관련이 없다고 가정하기 때문일 것입니다.

"그리스도인은 우리가 선하기 때문에 하나님이 우리를 사랑하실 것이라고 생각하지 않지만, 우리를 사랑하기 때문에 하나님이 우리를 선하게 만드실 것이라고 생각한다"는 C. S. 루이스(C. S. Lewis)의 통찰은 하나님이 우리를 있는 그대로 사랑하지만 우리를 그냥 그 자리에 남겨두실 수 없을 만큼 너무 사랑하신다고 말하는 또 다른 방식입니다. 하나님의 사랑은 거룩한 사랑이므로 우리가 어떤 사람이 되는가는 하나님의 문제입니다. 거룩한 사랑은 은혜와 진리로 가득 차 있습니다. 거룩한 사랑은 값싼 은혜를 소멸시킵니다. 거룩한 사랑은 제자도의 조건이자 수단이 됩니다. 거룩한 사랑은 우리가 십자가를 지고 예수님을 따를 것을 요구합니다.

우리의 십자가를 지는 것이 우리 시대에 어려운 메시지처럼 보인다면 대안을 생각해보십시오: 자아를 위해 사는 활기없고 무미건조한 존재: 관계가 죽은 종교. 나는 "비 제자도"(그가 사용한 단어)의 대가에 관한 달라스 윌라드(Dallas Willard)의 말이 계속 생각납니다.

비제자도의 대가는 예수님과 동행하는 대가보다 훨씬 크다. … 비제자도는 계속되는 평안, 사랑이 관통하는 삶, 매사를 선을 위한 하나님의 궁극적 주권에 비추어 보는 믿음, 가장 낙담되는 상황에서도 굳건히 서있는 소망, 옳은 일을 행하고 악한 세력을 물리치는 능력을 잃게 된다. 요약하자면, 비제자도의 삶은 예수님께서 그가 가지고 오셨다고 말씀하신 생명의 풍성함을 잃게 한다(요 10:10). 그리스도의 십자가 형태의 멍에는 결국 그와 함께 그 안에서 살면서 영혼에 안식을 가져다 주는 마음의 온유함과 겸손함을 배우는 사람들에게 해방과 능력의 도구이다.[4]

제자도는 길이요 진리요 생명이신 예수님과 함께 시작하고 끝나는 은혜의 여정입니다. 제자도의 목표는 우리가 은혜로 점점 더 그 분과 같이 되도록 예수님을 따르는 것입니다. 여정은 은혜로 시작되고 유지되지만 우리가 주님이신 예수는과 자유의지로 협력할 때 실현됩니다.

그리스도인은 태어나는 것이고, 제자는 만들어 지는 것입니다. 그리스도를 닮음은 우리의 숙명(destiny)입니다.

---

4. 달라스 윌라드(Dallas Willard), 잊혀진 제자도(The Great Omission), 8

www.ingramcontent.com/pod-product-compliance
Lightning Source LLC
Chambersburg PA
CBHW031446040426
42444CB00007B/992